加快建设海南自由贸易港百问百答

《加快建设海南自由贸易港百问百答》编写组　编

海南出版社

·海口·

图书在版编目（C I P）数据

加快建设海南自由贸易港百问百答 / 《加快建设海南自由贸易港百问百答》编写组编. --海口：海南出版社，2023.4

ISBN 978-7-5730-1125-1

Ⅰ. ①加… Ⅱ. ①加… Ⅲ. ①自由贸易区—经济建设—海南—问题解答 Ⅳ. ①F752.866-44

中国国家版本馆CIP数据核字（2023）第067603号

加快建设海南自由贸易港百问百答

JIAKUAI JIANSHE HAINAN ZIYOU MAOYIGANG BAIWENBAIDA

《加快建设海南自由贸易港百问百答》编写组 编

责任编辑：林 静 陈文惠

封面设计：颜晓彦

印刷装订：海南嘉豪椰城画册印刷有限公司

出版发行 海南出版社

地 址：海口市金盘开发区建设三横路2号

邮 编：570216

电 话：0898-68567076

网 址：http：//www.hncbs.cn

开 本：889 mm × 1 194 mm 1/32

字 数：252千字

印 张：11.25

版 次：2023年4月第1版

印 次：2023年4月第1次印刷

书 号：ISBN 978-7-5730-1125-1

定 价：58.00元

《加快建设海南自由贸易港百问百答》

编　委　会

序　言

孙大海

自由贸易港是当今世界最高水平的开放形态。在海南建设中国特色自由贸易港，是习近平总书记亲自谋划、亲自部署、亲自推动的改革开放重大举措，是党中央着眼国内国际两个大局，深入研究、统筹考虑、科学谋划作出的战略决策。

海南自由贸易港主要定位于新时代全面深化改革开放的新标杆，我国深度融入全球经济体系的前沿地带，面向太平洋、印度洋的重要开放门户和国内国际双循环的重要交汇点。战略目标是建设成为具有世界影响力的中国特色自由贸易港，让海南成为新时代中国改革开放的示范、展示中国风范的靓丽名片。实施范围为3.39万平方公里的海南岛全岛。推进策略是分步骤、分阶段建设，2025年前实现全岛封关运作。其战略定位之高、发展目标之宏伟、实施范围之广阔，特别是包含“五自由便利一安全有序”的政策制度设计之复杂系统，给每个参与者、建设者提出了一系列时代之问，清晰回答好这些问题，是推进这项国家重大战略在海南落地实施，实现我们预期目标的基本要求。

自2018年4月13日习近平总书记在庆祝海南建省办经济特区30周年大会上宣布支持海南建设中国特色自由贸易港以来，早期政策落地实施，制度集成创新硕果累累，海南岛全岛封关运作加紧推进，守住了不发生系统性风险底线，海南自由贸易港建设实现从“顺利开局”到“蓬勃展开”到“进展明显”再到“蓬勃兴起”。

建设海南自由贸易港是前无古人的伟大创举，没有现成的经验和模式可遵循。学习好、掌握好和运用好海南自由贸易港政策和制度知识，是推进建设好海南自由贸易港的一项基础性经常性工作，也是我们参与海南自由贸易港建设的同志们的义务和责任。《加快建设海南自由贸易港百问百答》一书权威、精准，是我们学习海南自由贸易港政策和制度知识的好工具。

（作者曾任海南省委常委、省委秘书长、省委办公厅主任，省委全面深化改革委员会办公室主任、省委自由贸易港工作委员会办公室主任，现任海南省人大常委会副主任）

目　录

加快建设海南自由贸易港百问百答

001 什么是自由贸易区（FTA)?

（1）自由贸易区的概念

自由贸易区（简称自贸区），其定义源于世界贸易组织（WTO）有关“自由贸易区”的规定，最早出现在1947年的《关税与贸易总协定》里面。该协定第二十四条第8款对自由贸易区的概念做了专门的解释：自由贸易区应理解为由两个或两个以上的关税领土所组成的一个对这些组成领土内的产品的贸易，已实质上取消关税或其他贸易限制的集团。

所以，自由贸易区指两个以上的主权国家或单独关税区通过签署协定，在世贸组织最惠国待遇基础上，相互进一步开放市场，分阶段取消大部分货物的关税和非关税壁垒，改善服务和投资的市场准入条件，从而形成的实现贸易和投资自由化的特定区域。

（2）自由贸易区的分类与特点

自由贸易区从自由贸易港发展而来，早期的自由贸易港是实行促进商品流通和发展对外贸易开放政策的港口，其突出特点是在为各地船只往来提供方便和安全的同时，免征其进出口货物关税。

自由贸易区除了具有自由港的大部分特点，还可以吸引外资设厂，发展出口加工企业，允许和鼓励外资设立大的商业企业、金融机构等，促进区内经济综合、全面地发展。世界自由贸易区（港）的主要类型如下表所示。

世界自由贸易区（港）的主要类型

类型	代表区域	特点
自由港	中国香港、新加坡、毛里求斯等离岸自由港	一个国家或地区整体的开发目标和功能同港口本身的货物集散中心作用紧密相连，自由港处于外贸货物吞吐量大、国际航线多、联系的国家和地区多的港口
综合型自由贸易区	德国汉堡，爱尔兰香农，韩国釜山、镇海、仁川，中国台湾“一空四海”，巴西马瑙斯，印尼巴淡，菲律宾苏比克湾等自由贸易区	一个国家或地区之内，涵盖贸易、制造、物流、研发、展示等诸多功能，兼备贸易、出口加工业，并允许和鼓励金融业、旅游业、交通电信业和科教卫生事业发展
贸易型自由贸易区	巴拿马科隆、智利伊基克自由贸易区	利用优越的自然地理环境，以贸易为主，发展国际贸易，促进区内经济全面发展
出口加工区（工业型自由贸易区）	韩国马山，中国台湾高雄、台中，孟加拉国、埃及、尼日利亚、叙利亚等地的出口加工区	以加工业为主，以转口贸易、国际贸易、仓储运输服务等业务为辅

续表

类型	代表区域	特点
工贸结合的自由贸易区	阿联酋贸易自由区、土耳其爱琴海自由贸易免税区	交通位置优越，从事出口加工、转口贸易、国际贸易、仓储运输服务等综合业务
保税仓库区（物流型自由贸易区）	荷兰鹿特丹港、比利时安特卫普港、美国对外贸易区、英国自由区	利用保税政策而设立的，厂商或贸易商能够把握最有利的时机，将仓储的货物转销到其他国家和地区，以获得最佳利润

拓展链接　世界上著名的自由贸易园区

截至2022年5月25日，向世界贸易组织通报的区域贸易协定（RTA）累计达到798个，生效的有579个。在2000年后生效的RTA中，双边自由贸易区所占比例高达90%。下面介绍几个知名的自由贸易区。

（1）北美自由贸易区（NAFTA）

1992年8月12日，美国、加拿大和墨西哥签署了北美自由贸易协定，1994年1月1日协定正式生效，北美自由贸易区宣布成立。

协定规定通过如国民待遇、最惠国待遇及程序上的透明化等来消除贸易障碍。自由贸易区内的国家货物可以互相流通并减免关税，而贸易区以外的国家则仍然维持原关税及壁垒。

北美自由贸易区已发展成为囊括了4.2亿人口和11.4万亿美元国民生产总值的自由贸易区，是世界上最大的自由贸易区。

(2) 欧洲自由贸易联盟 (EFTA)

欧洲自由贸易联盟又称“小自由贸易区”“七国集团”“七国联盟”等。1960年1月4日，奥地利、丹麦、挪威、葡萄牙、瑞典、瑞士和英国在斯德哥尔摩签订《建立欧洲自由贸易联盟公约》，即《斯德哥尔摩公约》。该公约经各国议会批准后于同年5月3日生效，欧洲自由贸易联盟正式成立，总部设在日内瓦。

欧洲自由贸易联盟是世界三大自由贸易区之一，其实质是一个集政治实体和经济实体于一身、在世界上具有巨大影响力的区域一体化组织。它的诞生使欧洲的商品、劳务、人员、资本自由流通，使欧洲的经济增长速度进一步加快。目前，欧洲自由贸易联盟作为世界上最大的资本输出的国家集团和商品与服务出口的国家集团，加上欧盟相对宽容的对外技术交流与发展合作政策，对世界其他地区的经济发展，特别是包括中国在内的发展中国家至关重要。

(3) 中国-东盟自由贸易区 (CAFTA)

中国-东盟自由贸易区是中国与东盟十国组建的自由贸易区，于2010年1月1日正式全面启动。自由贸易区建成后，东盟和中国的贸易占到世界贸易的13%，成为一个涵盖11个国家、19亿人口、国内生产总值（简称GDP）达6万亿美元的巨大经济体，是目前世界上人口最多的自由贸易区，也是发展中国家间最大的自由贸易区。从经济规模上看，中国-东盟自由贸易区将是仅次于欧洲自由贸易联盟和北美自由贸易区的全球第三大自由贸易区。

(4) 欧盟-墨西哥自由贸易区

欧盟与墨西哥于1999年11月24日正式签署建立双边自由贸易区的协定，该协定经欧盟15国政府和墨西哥参议院批准后生效。欧盟的主要目的是通过与墨西哥建立自由贸易区，与美国、加拿大争夺墨西哥市场，扭转北美自由贸易区的建立使欧盟对墨西哥的出口大幅下降的局面，并通过墨西哥进入美国和加拿大市场。

欧盟统计数据显示，欧盟为墨西哥第三大贸易伙伴。欧墨自由贸易协定并不只局限于贸易方面，还涉及竞争、服务等领域，根据该协定，欧盟将对墨西哥82%的工业产品全面开放市场，实行“零关税”。另外，欧墨自由贸易协定的过渡期仅为7年，大大低于北美自由贸易协定10年的过渡期。

(5) 亚太自由贸易区 (FTAAP)

亚太自由贸易区最早由亚太经合组织 (APEC) 工商咨询理事会于2004年提出，APEC于2006年首次提出建立FTAAP的构想，并将其定位为推动地区经济一体化的主渠道。20世纪90年代初，东盟发起东亚区域合作进程，逐步形成了包括东盟与中日韩 (10+3)、东盟分别与中日韩 (10+1) 在内的一系列以东盟为核心的区域合作机制。

2010年，在横滨APEC部长级会议上，与会部长表示，将在各国之间43项双边及小型自由贸易协定的基础上，在亚太地区建立自由贸易区。2014年11月11日，APEC第二十二次领导人非正式会议在北京雁栖湖圆满结束，会议结束后，习近平主席出席了APEC会议记者会。习近平宣布，亚太自由贸易区路线图获得APEC经济体领导人会议通过。这是APEC历史上具有里程碑意义的成果文件。

2015年11月，中国国家主席习近平在菲律宾马尼拉出席APEC第二十三次领导人非正式会议时指出，要加快亚太自由贸易区建设，推进区域经济一体化。专家认为，作为一项旨在把地区所有成员纳入其中的高水平自由贸易安排，亚太自由贸易区不仅有利于推动贸易投资自由化、深化区域经济一体化，更有助于打造开放型亚太经济。

（6）加勒比自由贸易区

加勒比自由贸易区是由加勒比自由贸易协会（CARIFTA）发展而来的，加勒比自由贸易协会于1965年12月由安提瓜和巴布达、巴巴多斯、圭亚那联合建立，旨在逐步做到取消彼此间的关税和进口数量限制，促进劳动力自由流通，通过在加勒比共同体各成员国建立专业自由贸易园区的方式吸引外国直接投资，形成覆盖加勒比海地区的世界一流经济特区。1965年至今，其成员国陆续增加至15国。2015年加勒比自由贸易区联合上海自由贸易区、迪拜自由贸易区正式成立世界自由贸易区联合会。

（7）区域全面经济伙伴关系协定（RCEP）

2012年由东盟发起，历经8年共计31轮谈判后，东盟十国以及中国、日本、韩国、澳大利亚、新西兰共15方成员于2020年11月15日共同签署了《区域全面经济伙伴关系协定》。这一协定的签订标志着世界上人口最多、经贸规模最大、最具发展潜力的自由贸易区正式启航。

RCEP整合并拓展了东盟十国同中、日、韩、澳、新五国间的多个自由贸易协定，统一了区域内的现行经贸规则，削减了关税和非关税壁垒，建立了全球最大的自由贸易区和开放的区域大市场，推动了亚太区域一体化的进程。RCEP共包括序言、20个章节和4个市场准入承诺表附件，既包括货物贸易、服务贸易、投资、原产地规则等传统自由贸易协定议题，又增加了知识产权、竞争政策、电子商务等规则领域的新议题，体现了现代的新型自由贸易协定的发展方向，是一个现代、全面、高质量、互惠的大型区域自由贸易协定。①

RCEP也是目前全球经济体量最大的自由贸易区。据统计，2019年，RCEP的15个成员国总人口达22.7亿，GDP达26万亿美元，出口总额达5.2万亿美元，均占全球总量约30%。2011年至2021年，RCEP成员国GDP年均增长4.6%，分别高于北美板块和欧洲/中亚板块0.9个百分点和4.4个百分点。RCEP成员国以30%的全球GDP份额，贡献了全球48%的经济增量。② RCEP区域还是外国直接投资的重要目的地，占有全球16%的投资存量和24%的投资流量。RCEP区域占全球制造业产出的近50%，包括占全球汽车生产的50%、电子产品生产的70%。③

---

①俞子荣、袁波、王蕊、宋志勇：《RCEP：协定解读与政策对接》，中国商务出版社，2021，第12页。

②迟福林：《为充分释放RCEP红利提供智力支持》，《经济参考报》2022年9月27日，第A08版。

③俞子荣、袁波、王蕊、宋志勇：《RCEP：协定解读与政策对接》，中国商务出版社，2021，第1—2页。

002 什么是自由贸易园区（FTZ)？它与自由贸易区（FTA）有何区别与联系？

（1）自由贸易园区的概念

自由贸易园区这一概念源于世界海关组织（WCO）的前身——海关合作理事会解释的有关“自由区”的规定，世界海关组织在制定的《关于简化和协调海关业务制度的国际公约》（简称《京都公约》）中指出：“自由区”一词，指一国的部分领土，在这部分领土内运入的任何货物就进口税及其他各税而言，被认为在关境以外，并免于实施惯常的海关监管制度。自由贸易园区指某一国或地区在己境内划出的一个特定区域，单方自主给予特殊优惠税收和监管政。

自由贸易园区通常由一国在指定地点自行设立，因此可以被称为“单边自由贸易区”或“国家内自由贸易区”。其特点是一个关境内的一小块区域，是单个主权国家（地区）的行为，一般需要进行围网隔离，且对境外入区货物的关税实施免税或保税，而不是降低关税。目前在许多国家境内单独建立的自由港、自由贸易区都属于这种类型，如爱尔兰香农自由贸易园区、德国汉堡自由港、巴拿马科隆自由贸易园区、美国纽约港自由贸易园区、新加坡自由港等都属于典型的FTZ。

中国自由贸易试验区与FTZ相似，是国境内关外设立的，以优惠税收和海关特殊监管政策为主要手段，以贸易自由化便利化为主要目的的多功能经济性特区。其原则上是指在没有海关“干预”的情况下允许货物进口、制造、再出口。

（2）FTA与FTZ的区别与联系

FTA（Free Trade Area）和FTZ（Free Trade Zone）按照英文字面意思都可以翻译为“自由贸易区”。2008年5月9日，我国商务部和海关总署向全国联合公开发布了《关于规范“自由贸易区”表述的函》（商国际函〔2008〕15号），将“Free Trade Area”翻译为“自由贸易区”，将“Free Trade Zone”译作“自由贸易园区”。

自由贸易区与自由贸易园区的区别如下。

自由贸易区是世界贸易组织多边贸易体系中的一个概念，通常由两个或两个以上国家或地区签订，涵盖的范围是签约方的全部关税领土，因此被称为“双边/多边自由贸易区”或“国家间自由贸易区”。

自由贸易园区通常由一国在指定地点自行设立，是实施海关特殊监管的区域，因此被称为“单边自由贸易区”或“国家内自由贸易区”。

FTZ与FTA的区别

对比项目		FTA	FTZ
相异	设立主体	多个主权国家（或地区）	单个主权国家（或地区）
	区域范围	两个或多个关税地区	一个关税区内的小范围区域

续表

对比项目		FTA	FTZ
相异	核心政策	贸易区成员之间贸易开放、取消关税壁垒，同时又保留各自独立的对外贸易政策	以海关保税、免税政策为主，辅以所得税税费的优惠等投资政策
	法律依据	双边或多边国际协定	国内立法
	本质特征	成员间相互给惠	单方给惠
相同	二者都是为降低国际贸易成本，促进对外贸易和国内产业发展，扩大对外开放而设立，其给惠政策都必须高于其在世贸组织中的承诺，也即WTO+		

（资料来源：江苏省商务厅）

拓展链接　世界上著名的自由贸易园区

截至2021年，世界上共有2000多个FTZ，其中比较知名的有以下几个。

（1）美国纽约港自由贸易园区

美国自由贸易园区的蓬勃发展始于20世纪60年代末，当时美国面临美元大幅贬值、经济滞胀，以及失业率节节攀升等困境，美国的国际经济地位每况愈下。为应对内外经济困境，尽快实现经济转型，美国各地方政府纷纷开创对外自由贸易区。到2013年为止，美国的华盛顿哥伦比亚特区以及50个州共设立了289个对外自由贸易区及近600个对外贸易子区。

纽约港自由贸易园区主要坐落在新泽西州，其管理者并非新泽西政府，而是地跨两州的纽约-新泽西港务局。2014年3月7日，美国对外贸易区委员会授权纽约州的安大略县设立美国的第289个对外自由贸易区。作为美国最大的对外自由贸易区之一，纽约港自由贸易园区设置了一系列优惠政策来吸引企业，如推迟缴纳进口关税、倒置关税率节省关税、无关税出口、节省为废品支付的关税、国际退货免关税等方面的政策与措施。

(2) 德国汉堡自由贸易园区

1888年，汉堡自由港正式成立。在关于“汉堡加入德国关税同盟”的协议中，汉堡市申明愿意将其港口一块特定区域以外的全部领地划入德国海关管辖范围。根据该协议，“这块港口的特殊区域将辟为永久性自由港，并归汉堡市所有。在该自由港范围内，过往船只及货物不受海关控制，仅仅接受海关监督”。

最初，汉堡对转运货物只减收关税，是名副其实的自由港。其最先以发展转口贸易为主，后来逐渐拓展到综合贸易，主要囊括了货物中转、仓储、流通、加工和船舶建造。

1949年9月德意志联邦共和国成立，随后的“经济奇迹”使自由港恢复生机，作为德国最大港口和货物集散中心，汉堡港业绩和实力蜚声世界，在当时享有“欧洲门户”“世界市场”的美誉。1957年欧洲共同体（简称欧共体）成立后，德国海关法逐步向欧共体海关法靠拢。由于德国加入欧盟，1994年起汉堡自由港成为欧共体和欧盟的“关内”，改称为“自由加工贸易区”。

美国“9·11”事件后，各种货物入区均要求申报。更重要的是，欧盟内部统一关税，大幅下调关税，加之欧盟不断添加新的成员国，其内部大部分货物实现免税流通，形成单一市场，使自由贸易区关税减免的优势渐渐弱化，还使非欧盟的货物量严重减少。2013年1月1日，德国著名港口汉堡港正式取消自由贸易园区。从那天开始，这个被誉为欧洲第二大港、德国最大的综合性港口结束了它百余年的自由港的使命。

(3) 巴西马瑙斯自由贸易园区

巴西是拉丁美洲第一个创建自由贸易区的国家。1957年巴西政府建立了马瑙斯自由港，1967年更名为巴西马瑙斯自由贸易园区（Manaus Free Trade Zone）。该自由贸易园区位于亚马孙州，占地面积为221万平方千米（占全国领土总面积的26%），是巴西重要的冶金、电子和轻工业中心，也是拉美地区唯一的以贸易为主兼营工农牧业和旅游业的综合型自由贸易区。

历史上，马瑙斯有“黑金之都”的美称（“黑金”指橡胶），如今，马瑙斯自由贸易园区不仅是拉美地区最大的自由贸易园区之一，也是巴西积极参与全球化进程的主渠道之一。其规模已从初期的1万平方千米，逐渐向整个东北部的亚马孙地区辐射，扩大到了上百万平方千米；区内拥有辽阔的水网，可通航河流达2.3万千米，容纳了包括很多中国企业在内的600余个外国或跨国企业。

（4）新加坡裕廊海港自由贸易园区

裕廊海港自由贸易园区是1969年新加坡政府在裕廊工业

区内设立的第一个自由贸易园区，从一开始就被定位为全面发展的综合型工业区，并合理规划。裕廊工业区既是工业生产基地，也是转口贸易的活动场所，间接加速了新加坡自由贸易园区的建设发展。如今，裕廊海港自由贸易园区已成为全球贸易最自由的地区之一，并逐渐向更具科技含量的综合型自由贸易区靠拢。

新加坡实行的是自由港政策，于1995年1月加入WTO。同时，新加坡还与多个国家和地区签订了20多份自由贸易协定（FTA），签署对象包括中国、美国、欧洲自由贸易联盟、澳大利亚、新西兰、加拿大、印度、韩国、墨西哥、巴拿马、秘鲁、斯里兰卡、卡塔尔和阿联酋等，并与巴林、埃及、科威特和阿联酋就商签双边自由贸易协定达成共识，还与新西兰、智利、文莱签署了首个地跨三个大洲的自由贸易协定。

(5) 爱尔兰香农自由贸易园区

香农自由贸易园区创建于1959年，毗邻爱尔兰克莱尔郡香农国际机场，是世界上最早的以从事出口加工为主的自由贸易园区，其以免税优惠和低成本优势吸引外国特别是美国企业的投资。它充分利用香农国际机场独特的地理优势，开办了世界上第一家免税商店，并在机场周围地区设立了世界上第一个免税工业区。

香农自由贸易园区占地约2.43平方千米，拥有国际先进水准的基础设施，航空运输、陆运与海运交通极为便利；周边高校科研力量雄厚，有着良好的科研与实业相结合的传统；区内提供优惠的税收、融资、财政等方面经济支持，有着健全高效的配套服务业。

香农自由贸易园区的核心区域是主导产业，包括航空、信息、通信技术、服务业等，其中航空业作为香农地区的传统产业，已吸引30多家从事航空运输、飞机租赁及商用机融资、服务等企业入驻。其紧邻空港区的是服务型产业，工业区内的飞机维修业在国际上享有盛名。如今，香农自由贸易园区的产业涵盖了医疗设备、软件开发等高技术产业。爱尔兰已成为世界第一大软件出口国。

(6) 中国香港自由贸易园区

香港是一个历史悠久的自由港，也是现在国际上著名的港口之一。香港自由港产生于1841年6月7日，已有180多年的历史。香港自由港的范围，包括了整个香港地区，由香港岛、九龙半岛和新界地区三个部分组成，总面积为1106.66平方千米。在香港岛与九龙半岛之间，有一个天然良港，被称为维多利亚港。该港平均水深达12米，海域面积达60平方千米，是现今世界上三大天然良港之一。优越的地理位置和天然港口使香港地区成为我国南方的一颗明珠。

随着时代变迁，香港自由港先后经历转口贸易型（19世纪40年代至20世纪40年代）、加工贸易型（20世纪50年代至20世纪70年代初）、综合型（20世纪70年代末至20世纪80年代末）等发展阶段，目前已发展为跨区域综合型自由港，并形成国际重要的金融、贸易、航运、信息、旅游等功能中心。与此同时，香港产业结构也实现了由初级商品的转口贸易以及面向出口的劳动密集型加工贸易，向以金融、国际贸易、航运物流、新技术加工制造、旅游与房地产业为主转变的多元经济结构发展，并最终向知识密集、资本密集的现代服务业演变。

(7) 迪拜杰贝·阿里自由贸易园区

杰贝·阿里自由贸易园区（JAFZA）位于迪拜市西南50千米处，总面积48平方千米，是阿联酋最大的自由区，也是中东地区最大的自由区，JAFZA的贸易额占迪拜非石油贸易总额的比重超过25%。JAFZA于1985年由迪拜政府发起建立，是全球第一个通过ISO9000国际认证的自由区。

JAFZA从一个仅有19家企业的小微型自由区发展成为如今超过7000家企业驻扎的超级中转站，其功能定位为港口装卸、仓储物流、贸易及加工制造等，目标是成为中东的国际性商业中心。作为世界最繁忙的货物集散地之一，迪拜不仅是中东最大的自由贸易中心，更是世界著名的经济、金融中心。

2012年《金融时报》对世界上1200个自由贸易园区进行评比，JAFZA排名第一。

(8) 巴拿马科隆自由贸易园区

科隆自由贸易园区位于巴拿马运河大西洋入海口处，是西半球最大的自由贸易园区，也是仅次于中国香港的世界第二大自由贸易园区。科隆自由贸易园区成立于1948年，与迈阿密共列为对中南美洲转口中心。科隆自由贸易园区内转口商通常属偏中、大型，进口量大，主要为亚洲商品，强调低价；其供货来源主要为中国大陆（含香港，29.5%）、中国台湾（11.3%）、美国（9.7%）、日本（7.1%）、意大利（4.9%）、韩国（3.8%）；出口市场主要为委内瑞拉、哥伦比亚、厄瓜多尔、巴拿马、危地马拉、墨西哥、哥斯达黎加、美国、古巴、巴西等。科隆自由贸易园区的营运成本只有迈阿密的1/4。

003 什么是自由贸易试验区？目前我国有哪些自由贸易试验区？

（1）自由贸易试验区的概念

关于自由贸易试验区（Pilot Free Trade Zone），目前并没有一个明确统一的概念，根据我国自2013年开始探索的11个自由贸易试验区的总体方案，对自由贸易试验区含义总结如下。

第一，在主要功能上，自由贸易试验区肩负着在我国新时期加快政府职能转变、积极探索管理模式创新、促进贸易和投资便利化，为全面深化改革和扩大开放探索新途径、积累新经验的重要使命。与国际上的自由贸易区相比，我国的自由贸易试验区中的“试验”，更多地侧重于政府职能转变、外商投资管理、服务开放、贸易便利化、金融开放等方面的制度创新。

第二，在自由贸易试验区的实施范围方面，既包含海关特殊监管区域，也包含非海关特殊监管区域。

第三，从实践看，自由贸易试验区更侧重于外商投资管理、服务业开放、金融开放、政府职能转变等方面的制度创新。同时，其四周的地域范围往往大于海关特殊监管区域，不符合《京都公约》中自由贸易区的定义。

（2）中国自由贸易试验区

发展自由贸易试验区是我国基于全球经济贸易体系和治理规则进行的新一轮调整。2010年以来，全球贸易投资进入以美国和其他发达国家为中心的规则重构谈判周期，“规则重构谈判”会影响我国经贸利益，对我国形成“规则压制”的挑战。但我国自改革开放以来，以和平发展的积极姿态融入经济全球化，实施自由贸易试验区战略和“一带一路”倡议等，带动新一轮改革开放，从而进一步释放经济发展活力，提升我国在全球贸易中的竞争力。

2013年9月至2020年9月，中国已经分多批次批准了21个自由贸易试验区，已经初步形成了“1+3+7+1+6+3”的基本格局，形成了东西南北中协调、陆海统筹的开放态势，推动形成了我国新一轮全面开放格局。

中国自由贸易试验区分布

成立时间	名称	分布片区
2013年9月	中国（上海）自由贸易试验区	上海外高桥保税区、上海外高桥保税物流园区、洋山保税港区、上海浦东机场综合保税区
2015年4月		陆家嘴金融片区、金桥开发片区、张江高科技片区
2019年7月		临港新片区
2015年4月	中国（广东）自由贸易试验区	广州南沙新区片区、深圳前海蛇口片区、珠海横琴新区片区

续表

成立时间	名称	分布片区
2015年4月	中国（天津）自由贸易试验区	天津港片区、天津机场片区、滨海新区中心商务片区
2015年4月	中国（福建）自由贸易试验区	平潭片区、厦门片区、福州片区
2017年3月	中国（辽宁）自由贸易试验区	大连片区、沈阳片区、营口片区
2017年3月	中国（浙江）自由贸易试验区	舟山离岛片区、舟山岛北部片区、舟山岛南部片区
2020年9月		宁波片区、杭州片区、金义片区
2017年3月	中国（河南）自由贸易试验区	郑州片区、开封片区、洛阳片区
2017年3月	中国（湖北）自由贸易试验区	武汉片区、襄阳片区、宜昌片区
2017年3月	中国（重庆）自由贸易试验区	两江片区、西永片区、果园港片区
2017年3月	中国（四川）自由贸易试验区	成都天府新区片区、成都青白江铁路港片区、川南临港片区
2017年3月	中国（陕西）自由贸易试验区	中心片区、西安国际港务区片区、杨凌示范区片区
2018年10月	中国（海南）自由贸易试验区	海南岛全岛

续表

成立时间	名称	分布片区
2019年8月	中国（山东）自由贸易试验区	济南片区、青岛片区、烟台片区
2019年8月	中国（江苏）自由贸易试验区	南京片区、苏州片区、连云港片区
2019年8月	中国（广西）自由贸易试验区	南宁片区、钦州港片区、崇左片区
2019年8月	中国（河北）自由贸易试验区	雄安片区、正定片区、曹妃甸片区、大兴机场片区
2019年8月	中国（云南）自由贸易试验区	昆明片区、红河片区、德宏片区
2019年8月	中国（黑龙江）自由贸易试验区	哈尔滨片区、黑河片区、绥芬河片区
2020年9月	中国（北京）自由贸易试验区	科技创新片区、国际商务服务片区、高端产业片区
2020年9月	中国（湖南）自由贸易试验区	长沙片区、岳阳片区、郴州片区
2020年9月	中国（安徽）自由贸易试验区	合肥片区、芜湖片区、蚌埠片区

（资料来源：中华人民共和国商务部自由贸易区港建设协调司自由贸易试验区名单）

004 什么是自由贸易港？全世界范围内有哪些高水平自由贸易港？

习近平总书记在庆祝海南建省办经济特区30周年大会上的讲话指出："自由贸易港是当今世界最高水平的开放形态。"2017年11月10日，汪洋在《人民日报》发表《推动形成全面开放新格局》一文，文中明确指出，自由港是设在一国（地区）境内关外、货物资金人员进出自由、绝大多数商品免征关税的特定区域，是目前全球开放水平最高的特殊经济功能区。中国香港、新加坡、鹿特丹、迪拜都是比较典型的自由港，自由贸易港简称为自由港或自贸港。

我国海岸线长，离岛资源丰富，探索建设具有中国特色的自由贸易港，打造开放层次更高、营商环境更优、辐射作用更强的开放新高地，对促进开放型经济创新发展具有重要意义。

（1）自由贸易港的历史演进

从自由贸易港、自由贸易园区的历史发展进程看，自由贸易港先于自由贸易园区产生；同时，随着经济全球化的不断发展，自由贸易港的形态发生变化，逐步形成比自由贸易园区更加开放的政策体系与制度框架，成为当今世界最高水平的开放形态。

世界最早的自由贸易港产生于1547年。意大利在其西北部热那亚湾建立雷格亨自由港，是历史上第一个有史可查的自由贸易港。早期的自由贸易港，只是在港口实行一种促进商品流通和发展对外贸易的开放政策，突出特点是在为各地船只往来提供方便和安全的同时，免征其进出口货物关税。

在自由贸易港产生后，为了促进国际贸易，欧美等地区纷纷在港口的港区或邻近港口地区划出专门地带作为自由贸易园区，发展以转口贸易为重点的对外贸易，并逐渐拓展仓储、加工等功能。随着功能的不断丰富与拓展，自由贸易港的发展模式逐渐与产业、城市、社会相融合，并超出了一般自由贸易园区的开放水平，成为国际公认的开放水平最高的区域。

（2）自由贸易港的基本特征

自由贸易港可以是一个港口，也可以是一个城市，其基本特征主要表现在以下三个方面。

第一，依托港口设立。世界上的自由贸易港大部分都是依托港口发展起来的，从最初的海港逐步扩展到空港。一般情况下，国际贸易规模越大，外贸货物数量、国际航线交互、联系国家地区也就越多；外向型经济发达的港口容易发展为自由贸易港。

第二，具有“境内关外”的典型特征。自由贸易港从地理范畴来说，是在一国或地区主权境内；从经济管理权限来看，则是在海关管理关卡之外，是一种特别关税区。

第三，人、财、物自由进出，方便快捷。实施投资、贸易、金融、航运自由的政策和体制机制，实现货物、资金和人员等要素的自由流动。

（3）全世界范围内的高水平自由贸易港

目前全世界有130多个自由贸易港和2000多个与自由贸易港的内涵和功能相似的自由经济区域。新加坡、迪拜、鹿特丹、中国香港等都是比较典型的自由贸易港。

①新加坡

新加坡自由贸易港的发展史可以追溯到1969年，新加坡在裕廊工业区的裕廊码头内划设了第一个自由贸易区，如今新加坡已经逐渐发展成一个高度开放的自由贸易港，目前共有8个自由贸易区，分别由新加坡港务集团有限公司、裕廊海港私人有限公司和樟宜机场集团管理。

新加坡充分发挥港口的综合区位优势，利用海港的天然水深、便利的交通体系和宽阔的土地资源等优势，以及依托其集中的物资集散中心等各项生产要素发展临港工业。新加坡不仅成为世界上电脑磁盘和集成电路的主要生产地，而且炼油业十分发达，成为仅次于休斯敦、鹿特丹的世界第三大炼油中心。

②迪拜

迪拜位于波斯湾南岸，地处亚欧非三大洲的交汇点，融合了阿拉伯文化、西方文化和南亚文化，目前是中东地区唯一的国际集装箱枢纽港、最大的自由贸易港。迪拜港是波斯湾地区最大的港口，由2个港区组成，即拉希德港区和杰贝·阿里港区，以转口贸易发达而著称，历年集装箱中转比例保持在50%左右。

此外，迪拜也是波斯湾地区著名的国际商业中心。多年前，迪拜开始开放贸易商业活动，如今的商贸相关产业已超过石油产业，成为迪拜第一大经济支柱。

③鹿特丹

鹿特丹港位于荷兰西南沿海莱茵河和马斯河西大河流入海汇合处所形成的三角洲上，始建于13世纪末，当时仅是一个小型海港和贸易中心。1600年鹿特丹港开始发展成为荷兰第二大商港。1870年港口直通北海的航道得到整治后迅速发展。1961年，鹿特丹港口货物吞吐量首次超过纽约港，达1.8亿吨，成为世界第一大港。此后40多年来，它一直保持世界第一大港的地位。直至2004年，上海港货物吞吐量超过鹿特丹港，但是鹿特丹港货物吞吐量仍居世界第四位、欧洲第一位。2021年，鹿特丹港集装箱吐量达到1530万TEU（标准箱）。鹿特丹现为荷兰第二大城市，是水陆空交通枢纽，还是重要的商业和金融中心，主要工业有炼油、造船、石油化工、钢铁、食品和机械制造等。

此外，鹿特丹港拥有全球最为先进的现代化设施、庞大的腹地网络和重大投资项目。近几年来，超数十亿欧元被用于投资扩大鹿特丹港多式联运网络、建设马斯平原二期工程、加深加宽港池，以建造更先进的码头，近年来停靠鹿特丹港的大型船舶数量也呈上升趋势。

④中国香港

1841年6月7日，英国政府代表查理·义律（Charles Elliot）宣布香港成为自由贸易港。多年来，香港自由贸易港的内涵和功能逐步扩展，成为全世界最自由、最开放、最多功能的自由贸易港。香港全境土地面积约1104平方千米，由香港岛、九龙半岛以及新界地区（包括262个离岛）三部分组成，而位于香港岛和九龙半岛之间的维多利亚港，是举世闻名的深水海港。

香港具有独特的地理位置，北连中国内地，南邻东南亚，东濒太平洋，西通印度洋，位居亚太地区的要冲，为东西半球及南北交往的交汇点，处于欧洲、非洲和南亚通往东南亚的航运要道，同时又是美洲与东南亚之间的重要转口港，也是欧美、日本、东南亚进入南中国的重要门户，因此成为国际经济与中国内地联系的重要桥梁。

经过多年的发展，香港已经成为亚太地区交通中心之一。无论航运还是空运，香港都是世界最繁忙的港口之一。香港特区政府在区内提供各项便利设施，加强海、陆、空运输基础设施建设，并制定相关配套措施，如简化海关税制、减免关税等，为不断增长的贸易提供服务，使香港拥有全世界最繁忙的货柜码头和机场，成为亚洲主要国际和地区航空及航运枢纽。

香港特区政府并没有采取划设特定区域和制定特别法令的办法，而是致力于使香港特别行政区全区发展成为一个自由贸易港区。经过发展、演变，香港已由单一的转口贸易港发展成为经济结构多元化的自由贸易港。

005 什么是中国特色自由贸易港？

中国特色自由贸易港（英文：free trade port with distinctive Chinese features，英文缩写：Hainan FTP）①是重大国家战略海南全面深化改革开放常用关键词。

在海南建设中国特色社会主义自由贸易港是一项全新的探索，既没有先例可循，又不能简单照搬西方自由贸易港发展模式。要全面深入领会习近平总书记关于海南自由贸易港建设的重要论述精神，落实好《海南自由贸易港建设总体方案》（简称《总体方案》）的总要求，确保方向不偏、路子不歪、健康发展。

一要坚持中国特色，把好建设海南自由贸易港的方向。习近平总书记强调，海南自由贸易港是中国特色的自由贸易港。国际上典型的自由贸易港，基本都采用西方现行制度。海南自由贸易港既要具备自由贸易港的基本要素，更要充分体现中国特色，遵循社会

---

①新华社：国新办公布61个重大国家战略常用关键词英文译法，https://baijiahao.baidu.com/s?id=1670275956914044033&wfr=spider&for=pc

主义制度。要把党的集中统一领导贯穿海南自由贸易港建设的全过程，充分发挥党总揽全局、协调各方的作用；要坚定不移走中国特色社会主义道路，在基本制度层面和意识形态领域绝不能逾越“红线”；要坚持以人民为中心，让改革发展成果更多更公平惠及全体人民；要培育和践行社会主义核心价值观，坚决对黄赌毒等违法犯罪行为“零容忍”。

二要坚持海南实际，把准建设海南自由贸易港的路径。海南是相对独立的地理单元，偏离国际主航线，自身缺乏足够的发展腹地，不适宜大规模发展加工贸易。建设海南自由贸易港，必须扬长避短、有所为有所不为。要充分发挥改革开放先行先试的优势，紧密结合海南的资源条件和现实基础，聚焦发展旅游业、现代服务业和高新技术产业，引进全球高端生产要素，打造具有国际竞争力的开放型生态型服务型产业体系，进一步夯实实体经济基础。

三要坚持先立后破，把握建设海南自由贸易港的原则。思深方益远、谋定而后动。海南自由贸易港建设本身是一个改革的过程，需要对贸易、投资、金融、税收、人才等多领域法律法规和制度规则进行创新，每一步都涉及突破旧观念、旧体制。在改革过程中，要把握好改革、发展、稳定的关系，坚持“先立后破、不立不破”。在新的法律法规和制度规则没有出台前，原有的要继续执行，避免出现空档期，确保改革有条不紊、工作平稳有序。同时，打破原有体制也必须在法治轨道实施，做到重大改革于法有据。

四要坚持在“管得住”的基础上再“放得开”，把牢建设海南自由贸易港的安全屏障。在海南自由贸易港建设过程中，在部分行业和领域出现一定风险是正常的，但不能出现重大风险，更不能陷入“一放就乱、一乱就收、一管就死”的怪圈。自由贸易港中的“自由”是有限度的，其底线就是不发生系统性风险。因此，“管”的能力和“放”的空间是成正比的。要在实施重大政策之前，开展风险评估和压力测试，及时查堵监管漏洞，扎紧制度“篱笆”。要以法治手段、市场规则和契约精神等多元化的手段代替单一行政命令式的监管，精准提高“管”的能力。

五要坚持分步骤分阶段，把控建设海南自由贸易港的节奏。从现实情况看，自由贸易港需要有大流量的经济活动支撑，是经过几十年甚至上百年的发展与积累才实现的。目前，海南经济体量较小，人流、物流、资金流、信息流不足，短期内难以一蹴而就，建成高水平的自由贸易港，必须久久为功、循序渐进，既“慢不得”，也“急不得”。《总体方案》提出，分两个阶段推进海南自由贸易港建设。2025年前，要着力打基础、补短板、强弱项，加快落实政策早期安排，为在条件成熟时及时实施全岛封关运作做好准备；2035年前，要全面推进各项政策落地，实现各类要素便捷高效流动，基本形成成熟的自由贸易港制度体系和运作模式。只有统筹安排好开放节奏和进度，才能确保海南自由贸易港建设行稳致远。

知识链接 中国特色自由贸易港设想提出的历程

2017年10月18日，习近平总书记在中国共产党第十九次全国代表大会中指出，“赋予自由贸易试验区更大改革自主权，探索建设自由贸易港”。2018年4月13日，习近平总书记在庆祝海南建省办经济特区30周年大会上向全世界宣布：“党中央决定支持海南全岛建设自由贸易试验区，支持海南逐步探索、稳步推进中国特色自由贸易港建设，分步骤、分阶段建立自由贸易港政策和制度体系。”

2018年4月14日，中共中央、国务院正式发布《关于支持海南全面深化改革开放的指导意见》，赋予海南经济特区改革开放新使命，建设自由贸易试验区和中国特色自由贸易港。

2020年6月1日，中共中央、国务院印发了《海南自由贸易港建设总体方案》，中国特色自由贸易港的建设在海南逐步落地。

知识链接 《中华人民共和国海南自由贸易港法》

依据法的效力高低，在我国法的形式可以分为法、法规、规章。法又可以细分为宪法和法律。宪法是我国的基本法，在我国具有最高的法律效力；而法律是全国人大及其常委会行使国家立法权所立的法，其法律效力仅次于宪法。

2021年6月10日第十三届全国人民代表大会常务委员会第二十九次会议通过《中华人民共和国海南自由贸易港法》（简称《海南自由贸易港法》），为海南自由贸易港的建设提供了极大的法治保障。《海南自由贸易港法》的颁布凸显了中国特色自由贸易港的重要战略地位，是显著区别于中国自由贸易试验区的主要标志之一。

006 建设中国特色自由贸易港的背景是什么？

（1）经济逆全球化

当今世界正在经历新一轮大发展大变革大调整，保护主义、单边主义抬头，经济全球化遭遇更大的逆风和回头浪。世界经济低迷，国际贸易和投资大幅萎缩，国际经济、科技、文化、安全、政治等格局都在发生深刻调整，世界进入动荡变革期。当前中国正处于实现中华民族伟大复兴的关键时期，经济已由高速增长阶段转向高质量发展阶段，正处在转变发展方式、优化经济结构、转换增长动力的攻关期。我国经济长期向好，市场空间广阔，发展韧性强大，正在形成以国内大循环为主体、国内国际双循环相互促进的新发展格局。

习近平总书记多次强调，经济全球化是不可逆转的历史大势，中国政府始终将秉持人类命运共同体理念，坚持开放合作、普惠共赢，促进经济全球化健康有序发展。在海南建设自由贸易港就是用实际行动向世界表明，中国开放的大门不会关闭，只会越开越大；就是要以新一轮高水平对外开放支持和推动经济全球化，为维护全球自由贸易、完善全球治理体系、加快世界经济复苏注入新的动力。

（2）中国改革开放

党的十八大以来，在以习近平同志为核心的党中央坚强领导下，中国开放的大门越开越大，对外开放范围、领域和层次持续拓展，外贸方式不断创新，外资市场准入进一步放宽，高水平开放型经济格局加快形成。改革开放深刻改变中国、影响世界。中国自1978年开始实行改革开放，从农村到城市，从试点到推广，从经济体制改革到全面深化改革，从引进来到走出去。综合保税区、建设自由贸易试验区、共建“一带一路”等举措都是中国打开国门的重要表现。

改革开放大大提升了中国的综合国力，改善了人民的生活水平。2010年开始，中国成为世界第二大经济体、第一大工业国、第一大货物贸易国、第一大外汇储备国，成为全世界最有活力的国家之一，国际地位进一步得到提升。中国的发展历程充分证明，改革开放是党和人民大踏步赶上时代的重要法宝，是坚持和发展中国特色社会主义的必由之路，也是决定实现“两个一百年”奋斗目标、实现中华民族伟大复兴的关键一招。

中国特色自由贸易港是比中国自由贸易试验区更自由的开放形态，是中国自由贸易试验区政策的进一步深化，是“一带一路”倡议的进一步延伸。中国特色自由贸易港孕育于经济逆全球化的特殊时期，诞生于中国当下改革开放的伟大进程中。

拓展链接 贸易保护主义

贸易保护主义（trade protectionism）是一种为了保护本国制造业免受国外竞争压力而对进口产品设定极高关税、限定进口配额或其他减少进口额的经济政策，这种政策始于15、16世纪的重商主义时期。重商主义者主张增加国内的财富积累，阻止外国过多商品的进口，以扩大对外贸易顺差，保证金银流入国内。20世纪80年代初，新贸易保护主义逐渐兴起，表现形式更加多元化，约束范围更加广泛，主要通过技术壁垒、反倾销和知识产权保护等非关税措施来限制外国商品进入本国市场，从而保护本国产品。无论贸易保护主义发展到哪个阶段，其本质是不变的，即通过限制他国的商品和服务参与本国国内市场竞争，进而达到维护本国经济利益的根本目的。贸易保护主义抑制了全球贸易发展，不利于国际专业化分工程度的提升和生产效率的提高，阻碍了商品和服务、资本和技术等要素在全球范围内自由流动，与经济全球化浪潮逆向而行。

拓展链接 单边主义

单边主义（unilateralism）是指举足轻重的特定大国，不考虑大多数国家和民众的愿望，单独或带头退出或挑战已制定或商议好了的维护国际性、地区性、集体性和平、发展、进步的规则和制度，并对全局或局部的和平、发展、进步带来有破坏性的影响和后果。单边主义往往具有攻击性、排他性，对世界的和平与发展具有极大的破坏性。其主要表现形式为：一是打压全球范围内不同声音，遏制其他国家发展，加剧国际力量的失衡；二是破坏现行的国际关系法准则，进一步削弱联合国的地位和作用；三是阻碍全球和平和发展的步伐，加剧军备、经济恶性竞争，加大世界范围内资源人为内耗，增加世界不稳定因素。

007 为什么选择在海南建设中国特色自由贸易港？

2018年4月13日，习近平总书记在庆祝海南建省办经济特区30周年大会上郑重宣布，支持海南全岛建设自由贸易试验区，支持海南逐步探索、稳步推进中国特色自由贸易港建设，分步骤、分阶段建立自由贸易港政策和制度体系。2020年6月1日，中共中央、国务院印发了《海南自由贸易港建设总体方案》，这是将海南自由贸易港打造成为引领我国新时代对外开放的鲜明旗帜、重要门户和前沿地带的“总蓝图”。那么为什么选择在海南建设中国特色自由贸易港，主要是因为海南具有以下几个方面的优势。

（1）海南是我国最大的经济特区

《总体方案》开宗明义，海南是我国最大的经济特区，具有实施全面深化改革和试验最高水平开放政策的独特优势。支持海南逐步探索、稳步推进中国特色自由贸易港建设，分步骤、分阶段建立自由贸易港政策和制度体系，是习近平总书记亲自谋划、亲自部署、亲自推动的改革开放重大举措，是党中央着眼国内国际两个大局，深入研究、统筹考虑、科学谋划作出的战略决策。这段重要论述精辟阐述了党中央决定在海南建设自由贸易港的重大时代背景，表明海南自由贸易港建设在党和国家工作全局中处于十分重要的位置。[①]

海南是我国最大的经济特区，具有自然资源丰富、地理位置独特，以及背靠超大规模国内市场和腹地经济的优势。海南土地总面积351.87万公顷，占全国热带土地面积的42.5%，人均土地约0.44公顷，已开发利用的土地约331.36万公顷，未被开发利用的土地约20.51万公顷。海南土地后备资源较丰富，开发潜力较大，为海南自由贸易港的系列基础设施建设以及工程建设提供了广阔的土地空间。

海南拥有长达1944千米的海岸线，多数海域风平浪静，海水清澈，沙白如絮，绿树成荫，空气清新，阳光充足明媚。当今国际旅游者喜爱的阳光、海水、沙滩、绿色、空气这5个要素，海南环岛沿岸均兼而有之。且海南是热带雨林、热带季雨林的原生地，岛上有维管束植物4600多种，约占全国总数的1/7，其中630多种为海南所特有。岛上还有世界罕见的珍贵动物，如黑冠长臂猿和坡鹿、水鹿、猕猴等。另外，海南还有橡胶、椰子、槟榔、咖啡、胡椒、腰果、可可等热带经济作物。优美的环境、宜人的气候、丰富的物产有助于丰富海南自由贸易港的产业发展路径，有助于吸引国内外的高端人才入驻海南自由贸易港，有助于建设和发展具有中国特色、海南特色的人与自然和谐相处的绿色自由贸易港。

①钟业昌：《为什么是海南》，人民出版社，2021，第1页。

此外，海南拥有丰富的能源，目前我国海上最大高温高压气田东方13-2气田和我国首个自营1500米超深水大气田“深海一号”相继投产。中国海油在陵水、东方、乐东、崖城和文昌海域建成的海上天然气生产集群，不仅能满足本岛民生及工业用气的需求，还能够向珠海、香港等地供气。除了天然气资源外，海南的太阳能资源也十分丰富，尤其是海南的莺歌海盐场，地势开阔平坦，日照时间长，适宜开发光伏电站。海南省丰富的清洁能源为国家生态文明试验区的建设奠定了环保基调，为自由贸易港的建设提供了动力保障。

（2）海南具有实施全面深化改革和试验最高水平开放政策的独特优势

《总体方案》中关于海南“具有实施全面深化改革和试验最高水平开放政策的独特优势”的重要判断，深刻回答了党中央决定在海南建设自由贸易港的主要因由。①

首先，海南地理区位独特。位于我国南端，是我国第二大宝岛。《总体方案》指出在海南自由贸易港与中华人民共和国关境外其他国家和地区之间设立“一线”，在海南自由贸易港与中华人民共和国关境内的其他地区（简称内地）之间设立“二线”，实行“一线”放开、“二线”管住的进出口管理制度。“一线”放开、“二线”管住即境外货物在海南自由贸易港内可以不受海关监管，自由流动；但货物从海南自由贸易港出入我国内地时，相当于出入境，要征收相应的税

①钟业昌：《为什么是海南》，人民出版社，2021，第19页。

收。因此，划定自由贸易港内外区域界限是顺利实施“一线”放开、“二线”管住监管制度的最基本也是最重要的条件。海南四面环海，琼州海峡将海南与内地从地理位置上分隔开，形成了一道天然的物理防线，保证了海南自由贸易港内的货物在流入中国内陆市场时能够受到全方位的监管。在海南建设自由贸易港能够借用自然隔断有效减缓自由贸易港内的政策变动对中国内陆经济可能造成的不利影响。

海南岛地处南海，管辖海域面积约200万平方千米，所辖南海海域为东南亚诸国所环绕，是西太平洋和印度洋的重要通道。同时，海南岛位于我国泛珠三角地区边缘，北边与广东省隔海相望，地理位置上是中国-东盟自由贸易区的中心，区位条件优越。从海南出发，飞行4小时范围内可抵达21个国家和地区，覆盖全世界47%的人口、30%的GDP；飞行8小时范围内可抵达59个国家和地区，覆盖世界67%的人口和41%的GDP。从交通运输的角度出发，无论是海运还是空运，海南可以成为中国连接各国的纽带，具备建设自由贸易港应有的优越条件。

海南岛战略地位重要，对维护我国主权和海洋权益具有重要意义。党的十八大作出了维护国家海洋权益，建设海洋强国的重大部署。习近平同志强调，建设海洋强国是中国特色社会主义事业的重要组成部分，对实现全面建成小康社会目标、进而实现中华民族伟大复兴都具有重大而深远的意义。海南是中国的海洋大省，位于南海一隅，在海南建设自由贸易港有助于我国维护国家海洋权益，建设海洋强国。

其次，海南有面向东盟、背靠超大规模国内市场和腹地经济的区位优势。海南自由贸易港的建设是有关中国改革开放的重要举措，举全国之力，聚全球之财。中国的GDP目前排名世界第二，拥有超大规模的消费市场，是世界上唯一具备完整的产业链的国家，国内市场的支持是海南自由贸易港建设强有力的支柱。除此之外，海南邻近粤港澳大湾区，能够享受到区域经济带来的正面的外溢效应，如产业关联效应、消费带动效应、资本放大效应等，这一区域外溢效应能够为海南自由贸易港的建设起到积极的带动作用。

（3）海南具有重点领域改革开放向纵深推进的改革优势

建省办大特区以来，海南放胆发展生产力，努力打造更具活力的体制机制，改革开放不断取得重大突破，在省直管市县的行政管理体制改革、农垦体制改革、交通规费征收制度改革、航权开放等方面走在全国前列，为加快发展注入了强劲动力。

（4）海南具有重要功能平台建设成效显著的开放优势

博鳌亚洲论坛是海南对外开放的重要功能平台。2010年4月13日，习近平在海南考察时指出：建设海南国际旅游岛，必须充分发挥海南对外开放排头兵的作用，要利用好博鳌亚洲论坛这个平台，拓展对外开放空间，推进与港澳台地区、环北部湾经济合作。2013年4月10日，习近平总书记在海南考察时又强调，海南具有许多独特的亮丽名片，如全国最大的经济特区、博鳌亚洲论坛永久举办地、国际旅游岛、洋浦开发区、热带农产品主产区等，这每一张名片都蕴藏着深厚发展潜力、孕育着重要发展生机，都可以做出一篇大文章、好文章。自2001年2月至2022年，海南已成功举办了21届博鳌亚洲论坛年会。博鳌亚洲论坛使国际交流合作空前扩大，成为连接中国和世界的重要桥梁，成为兼具亚洲特色和全球影响的国际交流平台。此外，海南还诞生了博鳌乐城国际医疗旅游先行区等重要功能平台。

（5）习近平总书记亲自谋划、亲自部署、亲自推动的改革开放重大举措

在海南建设自由贸易港，是习近平总书记亲自谋划、亲自部署、亲自推动的改革开放重大举措。这“三个亲自”决定了海南全面深化改革开放、探索建设中国特色自由贸易港的战略全局意义。

（6）党中央着眼于国内国际两个大局作出的重大战略决策

在海南建设自由贸易港，是党中央着眼于国内国际两个大局，深入研究、统筹考虑、科学谋划作出的重大战略决策。①

---

①钟业昌：《为什么是海南》，人民出版社，2021，第27—38页。

008 建设海南自由贸易港的重要意义何在？

在海南建设自由贸易港，是推进高水平开放，建立开放型经济新体制的根本要求；是深化市场化改革，打造法治化、国际化、便利化营商环境的迫切需要；是贯彻新发展理念，推动高质量发展，建设现代化经济体系的战略选择；是支持经济全球化，构建人类命运共同体的实际行动。

（1）在海南建设自由贸易港，是推进高水平开放，建立开放型经济新体制的根本要求

高水平开放型经济新体制，即进一步打通国内国际两个市场、高效利用国内国际两种资源，形成统一开放、竞争有序的现代市场体系，充分发挥市场在资源配置中的决定性作用，更好地发挥政府作用，促进国内国际要素资源自由有序流动、全球高效配置。

我国实行改革开放40多年，对外开放领域从货物贸易向投资、金融、服务等多个方面逐步展开；开放平台从海关特殊监管区向自由贸易试验区逐渐扩大；开放范围由经济特区向沿海沿边开放，再到向以“一带一路”建设为重点的海陆内外联动、东西双向互济的开放格局深入推进。改革开放每前进一步，都有力地推动了我国改革的发展，中国的发展享受到了改革带来的经济红利。但如今国内许多方面的开放发展都面临瓶颈，需要有更高水平的开放形态来继续推进，需要如当年改革开放初期设立的深圳经济特区那样，有一个鲜明旗帜和窗口，而海南自由贸易港的建设就是这样的旗帜和窗口。在海南建设自由贸易港，是推动我国更深层次地适应和运用国际经贸规则的重要举措，彰显了我国在逆全球化时代下继续坚持积极参与全球市场的坚定决心。

（2）在海南建设自由贸易港，是深化市场化改革，打造法治化、国际化、便利化营商环境的迫切需要

营商环境指企业等市场主体在市场经济活动中所涉及的制度要素和社会条件，是一国治理能力、体制机制、社会环境、资源禀赋、基础设施和思想观念等因素的综合反映。良好的营商环境能吸引更多人才、资金、技术，有助于释放市场活力、激活发展潜力、提升国际竞争力，推动经济社会高质量发展。党中央、国务院高度重视优化营商环境建设，习近平总书记指出，必须善于通过改革破除发展面临的体制机制障碍，改善营商环境，推动简政放权，加强事中事后监管，优化服务，把蛰伏的发展潜能激活。李克强强调营商环境就是生产力，必须持续推进法治化、国际化、便利化营商环境建设，更大力度推进“放管服”改革。实践证明，深化“放管服”改革和优化营商环境是深化改革开放，把我国制度优势转化为治理和发展效能的关键举措。

根据《总体方案》的要求，海南自由贸易港建设，要深化政府机构改革，进一步推动海南大部门制改革，整合分散在各部门相近或相似的功能职责，推动职能相近部门合并；要推动政府职能转变，强化监管立法和执法，加强社会信用体系应用，深化“双随机、一公开”的市场监管体制，坚持对新兴业态实行包容审慎监管；同时，建立以海南自由贸易港法为基础，以地方性法规和商事纠纷解决机制为重要组成的自由贸易港法治体系，营造国际一流的自由贸易港法治环境。这些具体文件内容都深刻反映了目前我国有关深化市场化改革，打造法治化、国际化、便利化营商环境的具体要求。

海南是我国最大的经济特区，也是我国改革开放的重要试验田。在海南建设自由贸易港，就是要以更高水平开放促进更深层次改革，打破现有的观念束缚、政策障碍和利益藩篱，为加快完善社会主义市场经济体制探索新路径、积累新经验，为其他自由贸易试验区提供深化市场化改革，打造法治化、国际化、便利化营商环境的学习范本。

（3）在海南建设自由贸易港，是贯彻新发展理念，推动高质量发展，建设现代化经济体系的战略选择

目前我国经济已由高速增长阶段进入高质量发展阶段，正处在转变发展方式、优化经济结构、转换增长动力的攻关期。海南拥有优良的生态环境，在保护好海南这一“中华民族四季花园”的同时实现经济持续、健康发展，让“绿水青山”源源不断带来“金山银山”，是高质量发展的应有之义。在海南建设自由贸易港，就是要推动海南将生态优势和开放优势相融合，积极引进国际先进技术、高端人才和创新经验，打造包括资本、知识、技术、管理、数据在内的全球优质生产要素集聚区，形成特色鲜明且具有较强竞争力的优势产业，为全国经济的高质量发展提供典型示范。

（4）在海南建设自由贸易港，是支持经济全球化，构建人类命运共同体的实际行动

习近平总书记指出，在世界百年未有之变局和新冠肺炎疫情交织的情境下，单边主义、贸易保护主义抬头，经济全球化遭遇逆流，世界进入动荡变革期，不稳定性、不确定性显著上升。同时，世界多极化趋势没有根本改变，经济全球化展现出新的韧性，各国人民对和平发展的期盼更加殷切，对公平正义的呼声更加强烈，对合作共赢的追求更加坚定。人类社会再次面临何去何从的历史当口，是敌视对立还是相互尊重？是封闭脱钩还是开放合作？是零和博弈还是互利共赢？

在海南建设自由贸易港是中国在单边主义、贸易保护主义抬头，经济全球化遭遇逆流的世界经济环境下做出的行动表率。海南自由贸易港的建设坚持贸易自由便利、投资自由便利、资金流动自由便利、人员进出自由便利的制度设计方案，从人类共同利益出发，把握经济全球化发展大势，让经济全球化进程更有活力、更加包容、更可持续。

009 什么是国内国际双循环？海南自由贸易港如何促进国内国际双循环？

（1）什么是国内国际双循环？

国内国际双循环指以国内大循环为主体，国内国际双循环相互促进的新发展格局。以国内大循环为主体，意味着我国要着力打通国内生产、分配、流通、消费的各个环节，发挥中国超大规模市场优势，以满足国内需求作为经济发展的出发点和落脚点；国内国际双循环相互促进，强调以国内经济循环为主并不意味着关门封闭，而是通过发挥内需潜力，使国内市场和国际市场更好地连通、促进。这是在当前贸易保护主义抬头、世界经济低迷、全球市场萎缩的外部环境下，党中央推动我国开放型经济向更高层次发展的重大战略部署。

（2）海南自由贸易港如何促进国内国际双循环？

①把服务国内消费大市场作为打造双循环重要交汇点的首要任务

首先，海南要紧紧抓住国内大市场带来的重大发展机遇。当前，我国仍处于经济转型升级的关键时期，消费市场短期面临较大压力，但中长期蕴藏着巨大潜力。估计到2035年，居民服务型消费占比有可能从

2020年的42.6%提升到60%左右，由此将带来数万亿美元的消费增量。因此，在国际市场面临多方面不确定因素的情况下，服务于扩大内需的战略需求，是海南打造国内国际双循环重要交汇点的务实选择。

其次，海南要发挥自由贸易港政策优势，更好地服务于国内大市场的现实需求，极大发挥海南免税购物的突出优势。同时立足国内消费大市场，强化以东盟为重点的国际市场经济联系与人文交流，提升在RCEP（区域全面经济伙伴关系协定）的新发展格局中的战略地位，推动区域内产业链、供应链、价值链的调整重构，对标世界高标准经贸规则，推进以服务贸易为重点的产业高水平开放，明显提升海南国际化产品与服务供给水平。

②适应国内居民消费需求，加快构建现代产业体系

海南要牢牢把握国内居民的消费需求，以海南目前的重点园区为依托，大力发展旅游业、现代服务业和高新技术产业，不断夯实实体经济基础，增强产业竞争力。

海南自由贸易港发展现代产业体系，面临着高新技术企业规模小、竞争力较弱等问题。理论和实践都证明，唯有实施创新驱动发展战略，才能为经济发展提供持续的原动力，而海南自由贸易港的开放政策为创新驱动发展创造了有利条件。企业可以在大力引进国外先进技术的基础上消化吸收和再创新，进一步推动产业升级，催生出以通信技术、云技术、人工智能、区块链等为代表的新兴产业。

构建现代产业体系是支持海南深度嵌入全球产业链和更好融入全球产业分工体系的有效途径。战略性新兴产业以重

大技术突破和重大发展需求为基础，对经济社会全局和长远发展具有重大引领带动作用，且知识技术密集、物质资源消耗少、成长潜力大、综合效益好。当前，海南区域发展不平衡，实体经济相对薄弱，新兴产业与传统产业在承接过程中会对产业体系形成一定冲击。海南自由贸易港要打造我国最高水平的开放新高地，理应在兼顾新兴产业发展与产业健康运行方面先试先行，为我国更好地嵌入全球价值链提供实践思路。

010 如何理解海南自由贸易港建设的指导思想？

海南自由贸易港建设以习近平新时代中国特色社会主义思想为指导，全面贯彻党的十九大和十九届二中、三中、四中全会精神，坚持党的全面领导，坚持稳中求进工作总基调，坚持新发展理念，坚持高质量发展，统筹推进“五位一体”总体布局，协调推进“四个全面”战略布局，对标国际高水平经贸规则，解放思想、大胆创新，聚焦贸易投资自由化便利化，建立与高水平自由贸易港相适应的政策制度体系，建设具有国际竞争力和影响力的海关监管特殊区域，将海南自由贸易港打造成为引领我国新时代对外开放的鲜明旗帜和重要开放门户。

习近平新时代中国特色社会主义思想，是对党的十八大以来我们党理论创新成果的最新概括和表述，系统回答了新时代坚持和发展什么样的中国特色社会主义、怎样坚持和发展中国特色社会主义，这是全党全国各族人民为实现中华民族伟大复兴而奋斗的行动指南。

第一，指导思想明确了海南自由贸易港建设的政治方向。党的十九大报告首次提出了“赋予自由贸易试验区更大改革自主权，探索建设自由贸易港”的目标。在海南建设自由贸易港，突出强调以习近平新时代中国特色社会主义思想为指导，旗帜鲜明地回答了建设一个什么样的自由贸易港的问题。必须坚持社会主义道路、必须坚持党的全面领导、必须坚持以人民为中心，这“三个坚持”为海南自由贸易港建设明确了政治方向、根本方针和基本遵循。

第二，指导思想明确了海南自由贸易港建设的方式方法。习近平新时代中国特色社会主义思想具有丰富的治国理政内涵。《总体方案》的指导思想就建设海南自由贸易港的节奏及路径强调了“三个坚持、两个布局”。即坚持稳中求进工作总基调，坚持新发展理念，坚持高质量发展，统筹推进经济建设、政治建设、文化建设、社会建设和生态文明建设的“五位一体”总体布局，协调推进全面建成小康社会、全面深化改革、全面依法治国、全面从严治党的“四个全面”战略布局。这样的宏观安排突出了海南自由贸易港建设对全局的影响和作用。

第三，指导思想强调了海南自由贸易港建设的目标是打造引领我国新时代对外开放的鲜明旗帜和重要开放门户。旗帜就是方向，现如今国内许多方面的开放发展都面临瓶颈，需要有更高水平的开放形态，需要如当年改革开放初期设立的深圳经济特区、上海浦东新区那样，有一个鲜明旗帜。今天的海南自由贸易港就是新时代的旗帜，目标是将海南自由贸易港打造成为引领我国新时代对外开放的重要门户。

011 如何理解海南自由贸易港建设的基本原则？

党中央、国务院发布的关于海南自由贸易港建设的方案涉及贸易自由便利、投资自由便利、跨境资金流动自由便利、人员进出自由便利等方面的具体制度。这些制度安排都是前所未有的创新之举，体现了海南自由贸易港高标准、高起点的特色，具体而言，方案中主要有以下基本原则。

（1）借鉴国际经验

坚持高起点谋划、高标准建设，主动适应国际经贸规则重构新趋势，充分学习借鉴国际自由贸易港的先进经营方式、管理方法和制度安排，形成具有国际竞争力的开放政策和制度，加快建立开放型经济新体制，增强区域辐射带动作用，打造我国深度融入全球经济体系的前沿地带。

以新加坡自由贸易港为例，新加坡凭借优越的地理位置成为国际航运和贸易中心。新加坡自由贸易港的基本功能是转口贸易，允许简易加工，限制深加工。新加坡自由贸易港充分开放外汇市场，除了国防等特殊行业，全面取消外汇管制。在便利化措施方面，新加坡自由贸易港通过设立“一站式”电子通关系统贸易网，实现了高效调度和快速通关，大大提高了工作效率。

（2）体现中国特色

坚持党的集中统一领导，坚持中国特色社会主义道路，坚持以人民为中心，践行社会主义核心价值观，确保海南自由贸易港建设正确方向。充分发挥全国上下一盘棋和集中力量办大事的制度优势，调动各方面积极性和创造性，集聚全球优质生产要素，着力在推动制度创新、培育增长动能、构建全面开放新格局等方面取得新突破，为实现国家战略目标提供坚实支撑。加强与东南亚国家交流合作，促进与粤港澳大湾区联动发展。

在海南建设中国特色社会主义自由贸易港是一项全新的探索，既没有先例可循，又不能简单照搬国际自由贸易港发展模式。最根本的是坚持党的集中统一领导，坚持中国特色社会主义道路，坚持以人民为中心，践行社会主义核心价值观，确保海南自由贸易港建设方向不偏、路子不歪、健康发展。在这个大前提下，借鉴国际自由贸易港发展经验，紧密结合海南实际和发展定位，打造更高层次、更高水平的开放型经济。

（3）符合海南定位

紧紧围绕国家赋予海南建设全面深化改革开放试验区、国家生态文明试验区、国际旅游消费中心和国家重大战略服务保障区的战略定位，充分发挥海南自然资源丰富、地理区位独特以及背靠超大规模国内市场和腹地经济等优势，抢抓全球新一轮科技革命和产业变革重要机遇，聚焦发展旅游业、现代服务业和高新技术产业，加快培育具有海南特色的合作竞争新优势。

海南是我国最大的经济特区，地理位置独特，拥有优良的生态环境，又是相对独立的地理单元，具有成为全国改革开放试验田的独特优势。海南在我国改革开放和社会主义现代化建设大局中具有特殊地位和重要作用。海南要坚持开放为先，实行更加积极主动的开放战略，加快建立开放型经济新体制，推动形成全面开放新格局。

（4）突出改革创新

强化改革创新意识，赋予海南更大改革自主权，支持海南全方位大力度推进改革创新，积极探索建立适应自由贸易港建设的更加灵活高效的法律法规、监管模式和管理体制，下大力气破除阻碍生产要素流动的体制机制障碍。深入推进商品和要素流动型开放，加快推动规则等制度型开放，以高水平开放带动改革全面深化。加强改革系统集成，注重协调推进，使各方面创新举措相互配合、相得益彰，提高改革创新的整体效益。

海南是我国最大的经济特区、改革开放的重要试验田。建设海南自由贸易港，就是要以更高水平开放促进更深层次改革，打破观念束缚、政策障碍和利益藩篱，为加快完善社会主义市场经济体制探索新路径、积累新经验。要进一步发扬敢闯敢试、敢为人先、埋头苦干的特区精神，解放思想，大胆创新。

（5）坚持底线思维

坚持稳扎稳打、步步为营，统筹安排好开放节奏和进度，成熟一项推出一项，不急于求成、急功近利。深入推进简政放权、放管结合、优化服务，全面推行准入便利、依法过程监管的制度体系，建立与国际接轨的监管标准和规范制度。加强重大风险识别和系统性风险防范，建立健全风险防控配套措施。完善重大疫情防控体制机制，健全公共卫生应急管理体系。开展常态化评估工作，及时纠偏纠错，确保海南自由贸易港建设方向正确、健康发展。

海南自由贸易港建设对标国际高水平经贸规则，这就要求对标国外自由贸易港先进经验不等于盲目大干快上，坚持稳中求进工作总基调，守住不发生系统性风险的底线，应遵循自由贸易港建设规律，结合中国现代化建设的实际和海南具体需求，循序渐进，不断试验、不断创新，在此基础上总结经验，逐步向更加开放迈进，走出具有中国特色的自由贸易港发展道路。

012 海南自由贸易港建设的阶段性目标是什么？

海南自由贸易港建设并非一日之功，而是需要久久为功，循序渐进，因此要分步骤、分阶段建立自由贸易港政策和制度体系。

到2025年，初步建立以贸易自由便利和投资自由便利为重点的自由贸易港政策制度体系。营商环境总体达到国内一流水平，市场主体大幅增长，产业竞争力显著提升，风险防控有力有效，适应自由贸易港建设的法律法规逐步完善，经济发展质量和效益明显改善。

到2035年，自由贸易港制度体系和运作模式更加成熟，以自由、公平、法治、高水平过程监管为特征的贸易投资规则基本构建，实现贸易自由便利、投资自由便利、跨境资金流动自由便利、人员进出自由便利、运输来往自由便利和数据安全有序流动。营商环境更加优化，法律法规体系更加健全，风险防控体系更加严密，现代社会治理格局基本形成，成为我国开放型经济新高地。

到21世纪中叶，全面建成具有较强国际影响力的高水平自由贸易港。

《总体方案》提出2025年、2035年和21世纪中叶三个时间点的发展目标，坚持分步骤、分阶段，是为了把控建设海南自由贸易港的节奏。从现实情况看，自由贸易港需要大流量的经济活动作为支撑，国际知名自由贸易港往往都是经过几十年甚至上百年的积累发展起来的。目前，海南经济体量较小，人流、物流、资金流、数据流不足，短期内难以建成高水平的自由贸易港。海南自由贸易港建设必须久久为功、循序渐进，既“慢不得”，也“急不得”。

党的十九大报告清晰擘画全面建成社会主义现代化强国的时间表、路线图。在2020年全面建成小康社会的基础上，再奋斗15年，到2035年基本实现社会主义现代化。从2035年到21世纪中叶，在基本实现现代化的基础上，再奋斗15年，把我国建成富强民主文明和谐美丽的社会主义现代化强国。海南自由贸易港在实现两个一百年奋斗目标中将发挥重要引领、示范作用。

知识链接

海南自由贸易港发展目标与国家发展目标是否存在一致性？

根据《总体方案》，海南自由贸易港建设分三步走：到2025年，初步建立以贸易自由便利和投资自由便利为重点的自由贸易港政策制度体系；到2035年，成为我国开放型经济新高地；到21世纪中叶，全面建成具有较强国际影响力的高水平自由贸易港。党的十九大报告对全面建成社会主义现代化强国目标作出分两个阶段推进的战略安排：第一个阶段，从2020年到2035年，在全面建成小康社会的基础上，再奋斗15年，基本实现社会主义现代化；第二个阶段，从2035年到21世纪中叶，在基本实现现代化的基础上，再奋斗15年，把我国建成富强民主文明和谐美丽的社会主义现代化强国。

因此，从重要时间节点上来看，2021—2025年是国家第十四个五年规划期，我国发展目标是为全面建设社会主义现代化国家开好局、起好步，海南自由贸易港则是初步建立以贸易自由便利和投资自由便利为重点的自由贸易港政策制度体系。2025—2035年的十年时间，我国发展目标是基本实现社会主义现代化，海南自由贸易港则是建设成为我国开放型经济新高地。从2035年至21世纪中叶的15年时间，我国发展目标是建成富强民主文明和谐美丽的社会主义现代化强国，海南自由贸易港发展目标则是全面建成具有较强国际影响力的高水平自由贸易港。由此可见，海南自由贸易港建设的发展步骤和发展目标安排同我国实现第二个百年奋斗目标的分阶段分步骤安排是高度一致的。

013 如何理解海南自由贸易港建设的实施范围是海南岛全岛？

2020年6月1日，中共中央、国务院印发《海南自由贸易港建设总体方案》，《总体方案》明确了海南自由贸易港的实施范围为海南岛全岛。

海南省的管辖范围包括海南岛和西沙群岛、南沙群岛、中沙群岛的岛礁及其海域。海南省陆地总面积约3.54万平方千米，海域面积约200万平方千米，其中海南岛面积约3.39万平方千米。海南自由贸易港的实施范围为海南岛全岛，这一制度有以下三个方面的好处和优势。

第一，有利于发挥岛屿独特的地理位置优势。岛屿的特征是相对独立，海南岛与内地由琼州海峡隔开，全岛封关监管的成本较低，货物、资金、人员流动等方面都更容易进行封闭管理，风险外溢可控。

第二，有利于打造世界上最大的自由贸易港，与中国超大规模的经济体量相适应。国际上的自由贸易港基本上是依托港口再加上园区，面积通常只有几十平方千米，产业业态也受限于中转物流、出口加工等，我国内地的自由贸易试验区面积也都控制在120平方千米以内。在一个3.39万平方千米、有超1000万常住人口的海岛建设自由贸易港，探索投资贸易自由化，这在全世界都是一个创举。一方面，海南自由贸易港是全岛开放，海南本岛面积达3.39万平方千米。对比而言，新加坡和中国香港的面积分别为719.9平方千米和1106平方千米，海南岛的土地面积分别为以上两地的47倍和31倍。另一方面，产业布局的纵深大，持续发展的空间优势更为突出。海南是“海陆空立体式”开放，涵盖旅游业、现代服务业和高新技术产业等各领域，在热带农业、医疗、教育、电信、金融、航天、海洋经济等具体产业方面都拿出了最大力度的开放政策。比如，在货物贸易方面，要实现“零关税”、瞄准“零壁垒”和自由化便利化；在服务贸易方面，体现“既准入又准营”。此外，海南还承担着探索城乡协调发展、生态和经济效益兼顾的重任，把农村地区也纳入了自由贸易港建设的范围，这是其他国际自由贸易港建设所无法比拟的。

第三，有利于更好发挥海南“一带一路”开放门户的作用。自由贸易港是最高水平的开放形态，是要素自由便利、安全有序流动的区域经济组织模式与制度形态；同时具备自由贸易、自由投资、自由金融和自由运输这四大功能，在以货物贸易和中转为传统功能的基础上，发展成为国际贸易中心、国际货物集散中心、国际商品交易中心、全球创新中心、跨国公司总部中心或者战略性产业聚集基地等。在海南岛全岛建设自由贸易港，将为我国“一带一路”倡议提供一个足够宽广的舞台，更好地发挥海南的开放前沿作用。

总之，在海南建设中国特色社会主义自由贸易港是一项全新的探索，既没有先例可循，又不能简单照搬国际上其他自由贸易港发展模式。要全面深入领会习近平总书记关于海南自由贸易港建设的重要论述精神，落实好《总体方案》总要求，确保方向不偏、路子不歪。

014 如何理解海南自由贸易港建设十一大制度设计的逻辑关系？

2020年6月，中共中央、国务院印发了《海南自由贸易港建设总体方案》，在贸易自由便利、投资自由便利、跨境资金流动自由便利、人员进出自由便利、运输来往自由便利、数据安全有序流动、现代产业体系、税收制度、社会治理、法治制度、风险防控体系这十一个方面对海南自由贸易港建设作出了制度设计。要求海南自由贸易港到2025年将初步建立以贸易自由便利和投资自由便利为重点的自由贸易港政策制度体系，到2035年成为我国开放型经济新高地，到21世纪中叶全面建成具有较强国际影响力的高水平自由贸易港。

《总体方案》十一大制度设计的主要内容包括：两个重点，贸易自由化便利化和投资自由化便利化；五大支撑，跨境资金流动自由便利、人员进出自由便利、运输来往自由便利、数据安全有序流动等四大要素流动加上现代产业体系支撑，现代产业体系主要包括旅游业、现代服务业和高新技术产业；三个保障，特殊的税收制度安排、高效的社会治理体系、完备的法治体系；一个前提，坚持底线思维，要守住不发生系统性风险的底线。《总体方案》十一大制度设计的逻辑关系如下图所示。

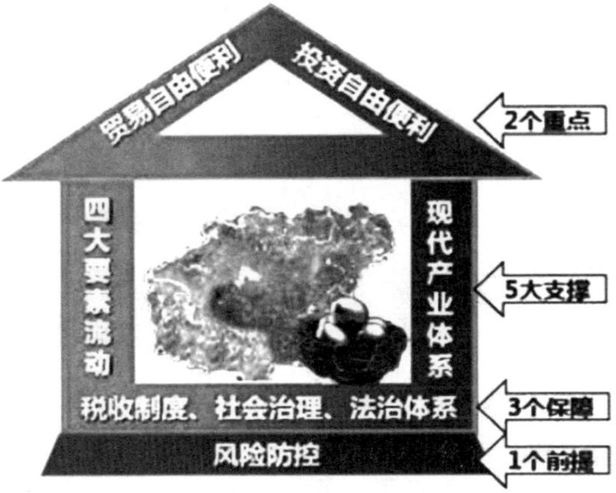

《总体方案》十一大制度设计逻辑关系示意图

《总体方案》十一大制度设计也被概括为“6+1+4”。“6”，包括5个“自由”和1个“安全有序”，即贸易自由便利、投资自由便利、跨境资金流动自由便利、人员进出自由便利、运输来往自由便利、数据安全有序流动。“1”，即构建现代产业体系，特别强调要突出海南的优势和特色，大力发展旅游业、现代服务业和高新技术产业，进一步夯实实体经济的基础，增强经济创新力和竞争力。“4”，即加强税收、社会治理、法治、风险防控等四个方面的制度保障建设。

015 什么是关境？它与国境的区别是什么？

关境是“海关境界”的简称，亦称“关税国境”，是执行统一海关法令的领土范围。国境是指一个国家行使全部国界主权的国家空间，包括领陆、领海、领空。第二次世界大战后，关税同盟和自由区、自由港大量出现，国境等于关境的原则被突破，国家政治国境和关境有时不完全一致。

（1）关境大于国境的情况

当几个国家结成关税同盟，组成一个共同关境，实施统一的海关法规和关税制度，其成员国的货物在彼此之间的国境进出不征收关税，此时关境大于其成员国的各自国境。

（2）关境小于国境的情况

保税区、保税仓库、自由港、自由区等区域（以下统称“自由区”）属于关境外地区，因此，设立了这些自由区的国家（或地区），其关境就会小于其国境。

①该国设立自由区，并在其海关法或关税法中明确规定。例如，《美国联邦法规汇编》中关于美国对外贸易区的规定。

②历史的原因。例如，我国的香港和台湾都有其自己的海关法，《中华人民共和国海关法》在这些地区不能适用。这就使我国（大陆）的关境小于我国的国境。再如，战后日本的冲绳曾被美国军事占领，当时的日本海关法规定冲绳不属于日本关境。日本南千岛群岛也被日本海关法规定为日本关境之外。

③地理位置的原因。例如，美国远在太平洋中的关岛、法国的圣皮埃尔和密克隆群岛、马约岛等海外领土，在美、法两国海关法中都被列入各自关境以外地区。

016 如何理解"一线"放开?

《总体方案》提到要在海南自由贸易港与中华人民共和国关境外其他国家和地区之间设立"一线"。"一线"进（出）境环节强化安全准入（出）监管，加强口岸公共卫生安全、国门生物安全、食品安全、产品质量安全管控。在确保履行我国缔结或参加的国际条约所规定义务的前提下，制定海南自由贸易港禁止、限制进出口的货物、物品清单，清单外货物、物品自由进出，海关依法进行监管。制定海南自由贸易港进口征税商品目录，目录外货物进入自由贸易港免征进口关税。以联运提单付运的转运货物不征税、不检验。从海南自由贸易港离境的货物、物品按出口管理。实行便捷高效的海关监管，建设高标准国际贸易"单一窗口"。

海南自由贸易港的"一线"设立在海南自由贸易港与我国关境外其他国家或地区之间。如下图所示，虚实线椭圆表示海南自由贸易港，单实线椭圆中海南自由贸易港以外的区域表示中国内地，其余部分表示境外区域，虚实线椭圆右边的虚实线表示"一线"。

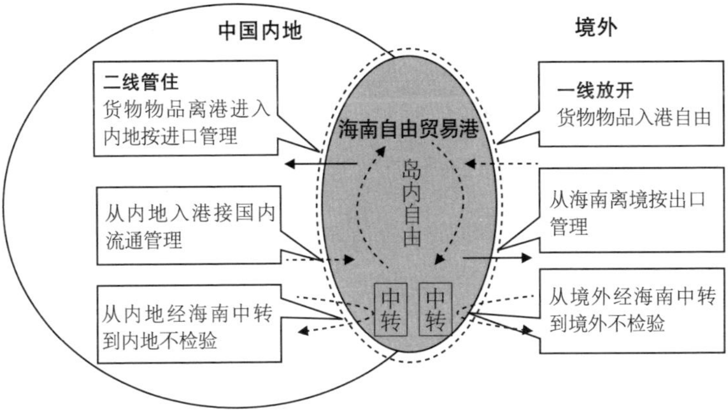

海南自由贸易港“‘一线’放开、‘二线’管住、岛内自由”示意图

“‘一线’放开”是在确保履行我国缔结或参加的国际条约所规定义务的前提下，除涉及公共卫生安全、生物安全、食品安全、产品质量安全等需要必要的安全监管以外，对通过“一线”进入海南自由贸易港的货物及物品，实施最大程度简化的国际贸易监管措施，货物、物品入港自由便利。

第一，将出台禁止和限制进出口的货物物品清单（负面清单），清单之外的货物物品均可进出海南自由贸易港，海关依法实施便利化的监管措施，实现“‘一线’放开”。

第二，将出台进口征税商品目录（负面清单，例如新加坡包括汽车、烟草产品、石油和生物燃油产品、酒类），目录之外的货物进入海南自由贸易港免缴进口关税。

第三，海南自由贸易港对以联运提单付运的转运货物不征税、不检验，实现过境自由，有利于提高转运效率，推动海南自由贸易港建设现代国际物流中心。联运提单是指经两种或两种以上运输方式联运的货物，由第一承运人收取全程费用以后，在起运地签发到目的港的全程运输提单。

第四，对标国际先进水平，高标准谋划顶层设计、建设国际贸易“单一窗口”，并不断丰富功能，形成具有国际竞争力的口岸监管新模式。

017 如何理解“二线”管住?

海南自由贸易港的“二线”设立在海南自由贸易港与我国关境内其他地区（简称内地）之间。

第一，货物从海南自由贸易港进入内地，原则上按照进口规定办理相关手续，照章征收关税和进口环节税。

第二，对鼓励类产业企业生产的不含进口料件或者含进口料件在海南自由贸易港加工增值超过30%（含）的货物经过“二线”进入内地免征进口关税的制度设计（简称加工增值税收政策）将助力海南发展先进制造业。经济基础薄弱、产业支撑不足是海南的现状，这决定了海南在自由贸易港建设过程中，更加需要依托广阔的内地市场。为此，结合零关税政策，《总体方案》对鼓励类产业企业生产的不含进口料件或者含进口料件在海南自由贸易港加工增值超过30%（含）的货物，经“二线”进入内地免征进口关税，照章征收进口环节增值税、消费税。加工增值税收政策已率先在洋浦港试点，2021年7月，海关总署印发《海关对洋浦保税港区加工增值货物内销税收征管暂行办法》，海南自由贸易港封关运作前，对鼓励类产业企业生产的不含进口料件或含进口料件在洋浦保税港区加工增值超过30%（含）的货物，经洋浦保税港区进入境内区外的，免征进口关税，照章征收进口环节增值税、消费税。2021年12月，该政策扩展至海口综合保税区和海口空港综合保税区。

“一线”和“二线”的关系直接影响到海南自由贸易港政策的落地。由于海南最大的问题是没有流量，当前，首先要创造条件让海南“活”起来，增加人流、物流、资金流。要把握一条底线：不能发生系统性风险。要做到以下两个保障。一是补齐基础设施短板。如高标准建设开放口岸和“二线”口岸基础设施、监管设施；实施智能监管，加快建设海南社会管理信息化平台，对非设关地实施全天候动态监管，打好全面封关的基础。二是体制机制创新。如海关总署发布《中华人民共和国海关对洋浦保税港区监管办法》，试行“一线”放开、“二线”管住的货物进出境管理制度，创新海关监管方式，为全岛封关做好压力测试。

拓展链接　洋浦港的十年蜕变

2021年的洋浦港

2022年的洋浦港

（1）海南自由贸易港先行先试的“试验田”

“一线”放开、“二线”管住进出口管理制度在此试点，加工增值超30%（含）内销免关税等早期安排政策在这儿落地。2021年，洋浦外贸进出口值652亿元，比上年增长104.3%。洋浦保税港区进出口364.6亿元，增长15.6倍。区内新增500多家企业，共有31个项目签约落地，已形成高端旅游消费品制造、健康食品生产、先进制造、保税检测维修、冷链物流加工、跨境电商、新型离岸贸易等多种业态。

（2）海南自由贸易港建设制度创新的摇篮

聚焦洋浦地区重点产业、重点项目、重点企业发展需求，深入推进制度集成创新。创新“出口成品油‘即检即放’检验监管”模式，使海关查验效率提升50%，推动企业扩大生产规模、降低运营成本，该案例入选海南自由贸易港第十一批制度创新案例，获2020年度洋浦经济开发区制度创新突出贡献奖一等奖。2021年11月，国务院第八次大督查发布48项典型经验做法，洋浦经济开发区深化制度集成创新打造海南自由贸易港建设“样板间”的经验做法被列入其中。

（3）贸易航线实现国内主要港口和东盟临海国家全覆盖

2020年9月，洋浦国际集装箱码头开通海南自由贸易港第一条洲际越洋航线，开始向更广阔的“深蓝”挺进。2021年，洋浦又新开通了5条内外贸航线，尤其是10月开通了西部陆海新通道铁海联运，打通了重庆至洋浦到东盟的路径。这是西部陆海新通道首次实现“铁海联运+内外贸同船”运输模式，意味着沿线外贸货物出口有了更多物流选择。

截至2022年4月，洋浦国际集装箱码头已开通内贸航线12条、外贸航线14条、内外贸同船7条，实现了国内沿海主要港口和东盟临海国家全覆盖。除此之外，港区还积极推进海南岛货运物流向“公路转水路”方向发展，自营驳船方面完成了海南岛海口、洋浦、三亚、八所四港的驳运快线搭建，并开通了“洋浦—防城”点对点支线。

018 “一线”放开、“二线”管住进出口管理制度有哪些试点区域？

2021年12月1日，海关总署宣布，海南自由贸易港洋浦保税港区先行先试的“一线”放开、“二线”管住进出口管理制度将扩大到海口综合保税区、海口空港综合保税区试点。通过实施自由贸易港“零关税”和加工增值货物内销出区享受免征关税等优惠政策，进一步加快通关速度、降低企业成本，提高跨境贸易便利化水平，推进海南自由贸易港全岛封关运作。

019 什么是“单一窗口”？

单一窗口（single window），简单介绍就是贸易或运输企业可以通过一个统一的平台，向多个相关政府机构提交货物进出口或转运所需要的单证或电子数据，办理涉及海关、检验检疫、海事、出入境边检、港务等多个监管部门的事务，提高监管效率，降低通关成本。

（1）什么是国际贸易单一窗口

单一窗口优化了通关业务流程，提高了申报效率，缩短了通关时间，降低了企业成本，深受贸易或运输企业欢迎，引起国际社会高度重视。2005年，联合国贸易便利化与电子业务中心（UN/CEFACT）发布了《建立单一窗口的建议与指南》，向世界各国和各经济体推荐使用贸易单一窗口，并给出了建立贸易单一窗口的实施指南。

国际贸易单一窗口是国际通行的贸易便利化措施，是改善跨境贸易营商环境的重要举措，是国际贸易领域的“一网通办”。目前，世界上已有70多个国家和经济体施行国际贸易单一窗口，但由于各国国情不同，其实施模式各有特点。

中国国际贸易单一窗口是符合中国实际需要，依托国家和地方两个层面的政府公共平台建设的。经过5年的改革和创新发展，我国国际贸易单一窗口项目建设覆盖全国，取得了巨大的成绩。香港和上海模式都是典型的成功案例。

香港特区国际贸易单一窗口“数码贸易运输网络系统”(DTTN)，提供贸易、物流和金融行业之间互联，任何一家企业都可以方便快捷地与其贸易、物流和金融伙伴进行网上电子商务，效率高、成本低。

上海国际贸易单一窗口对接22个部门，进出口企业申报免费使用，在长三角乃至全国形成了服务品牌，并复制推广到全国。世界银行《2020年营商环境报告》显示，上海口岸实现了进口边界合规时间大幅压缩到37小时，进口、出口边界合规费用分别压缩71%和53%，单证合规时间和费用双降，实实在在为企业节约了成本。

(2) 海南国际贸易单一窗口

海南自由贸易港的建设全面展开，建设成效不断显现，比如海南国际贸易单一窗口建设初步完成，运输工具申报的业务应用率接近100%，审批时间压缩80%以上，为在海南建设中国特色自由贸易港奠定了良好基础。

海南国际贸易单一窗口是在借鉴自由贸易试验区成功经验的基础上，根据国际通行规则，针对海南的特色发展领域，比如离岛购物免税、国际邮轮母港等方面，按照投资和贸易便利化进行创新。据统计，2021年12月，海南进口整体通关时间为26.83小时，2021年全年平均进口通关时间为44.52小时，较2020年缩短10.62小时；2021年12月，海南出口整体通关时间为0.71小时，2021年全年平均出口通关时间为1.47小时，较2020年缩短0.34小时。

2020年1月1日起，海南口岸全面推广以概要申报、完整申报为主要内容的进口货物两步申报模式。企业无须一次性提交全部申报信息及单证，最少仅需填报9个项目，经海关审核后就可以将货物提离海关监管作业场所。在运输工具申报进境起14日内，按照报关单填制规范完成完整申报，办理缴纳税款等其他通关手续。

020 海南自由贸易港“岛内自由”包含哪些内容？

岛内自由指海关对海南自由贸易港内企业及机构实施低干预、高效能的精准监管，实现自由贸易港内企业自由生产经营。由境外启运，经海南自由贸易港换装、分拣集拼，再运往其他国家或地区的中转货物，简化办理海关手续。货物在海南自由贸易港内不设存储期限，可自由选择存放地点。实施“零关税”的货物，海关免于实施常规监管。海南自由贸易港岛内自由主要包含以下四方面内容。

第一，海南自由贸易港内企业生产经营自由。海关对海南自由贸易港内企业及机构实施低干预、高效能的精准监管，实现自由贸易港内企业自由生产经营。由境外启运，经海南自由贸易港换装、分拣集拼，再运往其他国家或地区的中转货物，简化办理海关手续。货物在海南自由贸易港内不设存储期限，可自由选择存放地点。实施“零关税”的货物，海关免于实施常规监管。

第二，境外货物经海南自由贸易港中转运输到境外自由便利。对由境外启运途经海南自由贸易港，经过分级分类、分拆分拣、计量、组合包装打膜、贴标等物流增值服务或综合处理，按照货物到达最终目的地的需要，在与同类别的货物或者国外以进境备案方式申报进入海南自由贸易港的货物进行集拼装箱后，再运往其他国家或地区的中转货物，简化海关手续，促进海南自由贸易港打造全球物流中心。

第三，一般货物在海南自由贸易港内存储、流动自由，一般货物在海南自由贸易港不设存储期限，可以自由选择存放地点。例如企业从境外进口的货物，可以在自由贸易港内长期进行保税存储，以利用时间差，在国内外市场洽谈销售，获得更大的经济效益。

第四，“零关税”货物在岛内可以自由流动，海关免于进行常规监管，只需要管住“二线”。

021 海南的加工增值税收优惠政策有哪些内容？

《总体方案》明确，对鼓励类产业企业生产的不含进口料件或者含进口料件在海南自由贸易港加工增值超过30%（含）的货物，经“二线”进入内地免征进口关税，照章征收进口环节增值税、消费税。作为中央赋予海南自由贸易港的一项重要政策，加工增值货物内销免征关税政策在洋浦保税港区率先落地实施。2021年7月8日，海关总署印发《海关对洋浦保税港区加工增值货物内销税收征管暂行办法》（简称《暂行办法》），明确实施洋浦保税港区加工增值税收政策。加工增值税收政策落地实施有利于保税港区内制造业的发展，有利于培育新的经济增长点。从企业角度，可大幅降低企业税负，产品销售具有价格优势。从消费者的角度，可以购买到更优惠的高端优质产品。《暂行办法》明确了可以享受加工增值税减免的企业主体、货物的纳税核算以及如何申报等问题。简要介绍如下。

（1）哪些企业可以享受加工增值货物内销免征关税政策？

①鼓励类产业企业，即以海南自由贸易港鼓励类产业目录中规定的产业项目为主营业务，且主营业务

收入占企业收入总额60%以上的企业。

②在洋浦保税港区登记注册（已经拓展到个别重点园区）。

③具有独立法人资格。

④经洋浦经济开发区管委会备案。

（2）企业如何办理备案？

符合政策条件的企业可通过海南省建立的洋浦公共信息服务平台，向洋浦经济开发区管委会进行备案。

（3）哪些货物可以享受加工增值货物免征进口关税政策？

①不含进口料件。

②含进口料件满足两个条件：第一，洋浦保税港区鼓励类产业企业生产；第二，在洋浦保税港加工增值超过30%（含）。

知识拓展 首个享受加工增值货物内销免征关税政策的企业

海南澳斯卡国际粮油有限公司位于海南自由贸易港"样板间"——洋浦保税港区，是海南首个年产100万吨规模的粮油加工项目，主要从巴西、加拿大等地进口大豆、菜籽等原料，在保税港区加工后，产品销往海南市场和其他省份。

2021年7月23日，海南澳斯卡国际粮油有限公司申报的

500吨加工增值内销大豆油在洋浦港顺利放行。该单进口货值455万元，享受减免税款41万元。这是《海关对洋浦保税港区加工增值货物内销税收征管暂行办法》正式印发后的首票加工增值内销货物出区享受免征关税业务，标志加工增值税收政策落地实施。

“海南自由贸易港的利好政策，特别是在洋浦保税港区率先实施的加工增值税收政策，让我们企业获得巨大商机。”海南澳斯卡国际粮油有限公司董事长张慧说。通过进口国外农产品原料在洋浦经济开发区保税港区加工生产，增值超过30%（含）的货物出区进入境内区外销售时，所享受的免征进口关税，预计每年可为公司节省成本约3亿元。

根据洋浦保税港区发展局提供的数据，截至2022年3月底，洋浦保税港区加工增值税收政策免征关税破1亿元(1.05亿)，完成16家企业加工增值资质备案，实际开展业务企业3家，加工增值内销物品累计货值13.16亿元，共191票业务，涉及商品主要有大豆油、菜籽油、玉石珠宝、猪蹄制品等。

022 全岛封关后和封关前有什么主要变化？全岛封关后进出海南岛方便吗？

（1）全岛封关后和封关前有什么主要变化？

2025年前将适时启动海南封关运作。

海南封关后，与封关前相比，商品通过“一线”即从国外进出海南会更加自由便利，而“二线”进入内地会实施海关监管。封关后海南与中华人民共和国关境内其他地区（简称内地）实施的是不同的关税和税收政策，两者之间需要有一个安全阀，以防控物品走私、偷漏税等风险，这也就是我们常说的“一线”放开、“二线”管住。因为海南自由贸易港的成功建设离不开内地的支撑，在加强“二线”监管、防控风险的同时，又不能割裂与腹地便捷的经济联系，这需要创新监管模式。

（2）全岛封关后进出海南岛是否方便？

封关后内地居民进出海南不会发生变化。

023 海南自由贸易港建设全岛封关准备工作主要包括哪些内容？海南如何计划？

全岛封关运作是海南自由贸易港建设具有里程碑意义的系统性工程，是全面建设海南自由贸易港的基础，是全面实现“‘一线’放开、‘二线’管住、岛内自由”货物进出口管理制度的标志。2022年是海南自由贸易港建设的攻坚之年，也是封关运作的关键之年，封关运作对海南的软硬件建设提出了更高的要求，海南从以下三方面计划。

一是加快规划建设重大项目，打牢封关硬基础。2022年海南省政府要求加快全岛封关运作软硬件准备，瞄准2023年底前具备封关硬件条件、2024年底前完成封关各项准备的既定目标，以项目化、清单化推进各项任务。推进海南全面深化改革开放领导小组在会议上提出，要狠抓封关项目建设，尽快完善封关运作三年建设项目方案，落实项目要素保障，加强项目建设的监督管理，加快推进口岸基础设施规划和建设，切实打牢封关运作的硬件基础。

二是抓紧完善配套保障制度，提升封关软环境。“封关”不是“封岛”，恰恰相反，全岛封关运作意味着海南自由贸易港与外界的联通将更加顺畅，是更高水平的开放。另一方面，全岛封关运作后，海南自由贸易港和内地在货物、物品、运输工具出入等方面的联通是“有管理的联通”，这也为自由贸易港的制度设计带来挑战和机遇。

三是抓住“窗口期”提升产业集聚辐射能级。2021年，海南货物贸易增长57.7%，服务贸易增长55.5%，新型离岸国际贸易收支增长4倍，实际利用外资增长16.2%，新设立外商投资企业增长92.6%，自由贸易（FT）账户收支增长7.3倍，一连串数字显示出海南自由贸易港建设的喜人成就。截至2022年4月，海南自由贸易港贸易投资政策制度体系的“四梁八柱”已初步建立。随着一批核心政策落地，海南现代产业体系加速构建，更多的政策红利还在加速释放。海南将围绕自由贸易港主导产业开展精准招商，聚焦新能源汽车、高端消费、维修再制造、医疗健康、航空航天、深海、育种等领域，面向欧美、日韩、新加坡和我国香港等重点地区精准招商，争取落地一批有国际显示度的世界500强项目。规范和加快总部经济发展，提升自由贸易港产业集聚辐射能级，为自由贸易港未来发展蓄势赋能。

024 什么是海关特殊监管区域？

根据《中华人民共和国海关对海关特殊监管区域监管办法》的有关规定，海关特殊监管区域是指经国务院批准，设立在中华人民共和国关境内，以保税为基本功能，由海关按照国家有关规定实施监管的特殊经济功能区。

我国海关特殊监管区域是参照《京都公约》中“自由区”规则，为适应我国对外开放和经济发展需要而建立。它是经国务院批准设立、实行特殊税收政策、建有封闭围网和信息化管理系统、由海关实施监管的特定区域。目前，我国海关特殊监管区域有6种模式：保税区、出口加工区、保税物流园区、跨境工业区、保税港区、综合保税区。其主要特征如下。

一是享受开发区优惠政策。经过国务院审批，设立在我国境内，纳入国家级开发区范畴，享受开发区的优惠政策。

二是采取封闭围网管理，对基础设施和监管设施验收有严格的标准。

三是都具有“一线”和“二线”的通关特征，即“一线”放开、“二线”管住。“一线”放开，指境外及区内的货物可以不受海关监管自由出入境，即自由贸易区（港）与境外实现货物、资金和人员等要素自由流动。“二线”管住，即从自由贸易区（港）出入国境内其他区域的货物，纳入全国海关通关一体化，实行常规监管，要征收相应的税收，并纳入贸易统计。

四是具备保税功能。境外货物进入园区，海关不征收进口关税和进口环节增值税，区内可开展保税货物的加工、仓储、转口、展示等业务（统称为保税加工、保税物流两大类业务）。区内企业之间的货物交易不必缴纳增值税和消费税。

封关前，海关特殊监管区域可为建设自由贸易港提供先导作用。在洋浦保税港区等具备条件的海关特殊监管区域率先实行“一线”放开、“二线”管住的进出口管理制度，充分发挥海关特殊监管区域政策和功能优势，营造与国际通行规则相适应，稳定、透明、可预期的营商环境，有利于降低跨国物流成本，促进贸易便利化，培育新的贸易增长点，并在此基础上推动服务业扩大开放，发展新兴贸易业态。

加强海关特殊监管区域建设应注意以下几点。第一，要充分认识设立自由贸易港促进自由贸易的初衷。建设海南自由贸易港是新时代推动我国形成更高水平对外开放格局的重大战略举措，而自由贸易港的要义是自由贸易和高水平开放。因此，考虑所有的问题都要从“自由贸易”这个角度出发，树立服务于更高水平对外开放的目标理念，用这个目标来统一对“放开”和“管住”的认识和把握。第二，海关监管的时空要拓展，要从进出境监管向进出岛监管转移，从事先监管向事中事后监管转变。第三，海关监管的重心要转移，要从海关监管为主转向企业自管为主。第四，海关监管的力量要扩大，要从海关一家独立开展工作向中央各部门与地方政府、社会和企业协同协力、协调的综合治理转变。

025 什么是海关监管特殊区域？与海关特殊监管区域有何区别联系？

与我国已经设立的百余个海关特殊监管区域不同，《总体方案》提出的“海关监管特殊区域”是首次在中央的正式文件中出现，目前仅出现在海南自由贸易港，没有官方的正式定义。

根据《中华人民共和国海关对海关特殊监管区域监管办法》的有关规定，海关特殊监管区域是指经国务院批准，设立在中华人民共和国关境内，以保税为基本功能，由海关按照国家有关规定实施监管的特殊经济功能区。海关特殊监管区域和海关监管特殊区域的区别主要体现在以下两个方面。

第一，海关特殊监管区域的基本功能是保税，即对进口货物进入区内时以保证复出口为前提暂时不征收进口税，货物在区内消费或转为进口需要照章征收进口税；而海南自由贸易港实行的是“零关税”政策，货物在岛内使用和消费不需要征收进口税。

第二，目前我国乃至世界各地设立的由海关实行封闭式监管的自由贸易区通常仅有贸易、工业及其生产性服务业等经济活动，均不允许进行营业性商业活动，也没有人员进出境、社会运行和居民消费。海南在全岛建设自由贸易港，不仅要开展各种经济活动，而且还有人员进出、社会运行和居民消费，从进口税制度和海关监管内容上完全不同于海关特殊监管区域，所以称为“海关监管特殊区域”更为确切。

026 什么是关税？什么是“零关税”？海南自由贸易港在2025年以前实行的“一负三正”“零关税”商品清单有哪些内容？

关税，是主权国家对进出国境或关境的货物或物品所征收的一种税，属商品课税。关税按课税对象划分，可分为进口关税、出口关税和过境关税。进口关税是进口国家海关在外国商品输入时对本国进口商所课征的关税。出口关税是出口国家海关在本国商品输往国外时对本国出口商所课征的关税。过境关税是各国对通过其国境运往外国的商品所课征的关税。

“零关税”指的是当进出口商品经过一国关境时，由政府设置的海关不向进出口国征收关税。2020年11月15日，东盟十国以及中国、日本、韩国、澳大利亚、新西兰共15个亚太国家，正式签署《区域全面经济伙伴关系协定》(RCEP)。协定生效后，区域内90%以上的货物贸易实现“零关税”。另外，我国自2019年1月1日起，除内地在有关国际协议中作出特殊承诺的产品外，对原产于香港、澳门的产品也全面实施“零关税”。

海南自由贸易港对货物贸易实施以“零关税”为基本特征的自由化便利化制度安排。在全岛封关运作前，对部分进口商品，除了免征进口关税，还不征收进口环节增值税和消费税，政策红利大。随着“零关税”政策红利的逐步释放，海南自由贸易港内企业的生产成本会进一步降低，人流、物流、资金流会更多地向海南集聚，海南实体经济基础不断夯实，自由贸易港发展活力会越来越凸显。

封关前，除法律法规和相关规定明确不予免税、国家规定禁止进口的商品外，对企业进口自用的生产设备，实行“零关税”负面清单管理；对岛内进口用于交通运输、旅游业的船舶、航空器等营运用交通工具及游艇，实行“零关税”正面清单管理；对岛内进口用于生产自用或以“两头在外”模式进行生产加工活动（或服务贸易过程中）所消耗的原辅料，实行“零关税”正面清单管理；对岛内居民消费的进境商品，实行正面清单管理，允许岛内免税购买。对实行“零关税”清单管理的货物及物品，免征进口关税、进口环节增值税和消费税。这四张清单简称“一负三正”零关税清单。清单内容由有关部门根据海南实际需要和监管条件进行动态调整。目前已出台三张清单：

第一，企业进口自用生产设备“零关税”负面清单。2021年3月4日，《关于海南自由贸易港自用生产设备“零关税”政策的通知》（财关税〔2021〕7号）出台，对在海南自由贸易港注册登记并具有独立法人资格的企业，进口自用的生产设备（除法律法规和相关规定明确不予免税、国家规定禁止进口的商品，以及自用生产设备“零关税”负面清单所列设备外）免征关税、进口环节增值税和消费税。2022年2

月14日，国家相关部门在原11类不予免税商品的基础上，将旋转木马、秋千及其他游乐场娱乐设备等8项文体旅游业生产设备移出负面清单。同时，将享惠主体扩大到在海南自由贸易港注册登记并具有独立法人资格的事业单位，进一步释放政策红利。

第二，营运用交通工具“零关税”正面清单。2020年12月29日，《关于海南自由贸易港交通工具及游艇“零关税”政策的通知》（财关税〔2020〕54号）发布，对在海南自由贸易港注册登记并具有独立法人资格，从事交通运输、旅游业的企业（航空企业须以海南自由贸易港为主营运基地），进口用于交通运输、旅游业的船舶、航空器、车辆等营运用交通工具及游艇，免征进口关税、进口环节增值税和消费税。首批营运用交通工具“零关税”正面清单包括客、货运机动车，挂车及半挂车，飞机及其他航空器，船舶等100项8位税目商品，商品仅限海南自由贸易港符合政策条件的企业营运自用，并接受海关监管。因企业破产等原因，确需转让的，转让前应征得海关同意并办理相关手续。其中，转让给不符合享受政策条件主体的，应按规定补缴进口相关税款。转让“零关税”交通工具及游艇，照章征收国内环节增值税、消费税。

第三，原辅料“零关税”正面清单。2020年11月11日，财政部、海关总署、税务总局联合发布了《关于海南自由贸易港原辅料“零关税”政策的通知》（财关税〔2020〕42号），对在海南自由贸易港注册登记并具有独立法人资格的企业，进口用于生产自用、以“两头在外”模式进行生产加工活动或以“两头在外”模式进行服务贸易过程中所消耗的原辅料，免征进口关税、进口环节增值税和消费税。此次发布的原辅料“零关税”正面清单共计169项8位税目商品，包括椰子等25项农产品、煤炭等22项资源性产品、二甲苯等15项化工品、柚木原木等77项木及木制品、光导纤维预制棒等29项航空器和船舶维修零部件。2021年12月24日，原辅料“零关税”正面清单中新增了鲜木薯、氯乙烯、航空发动机零件等187项商品。至此，海南自由贸易港“零关税”原辅料正面清单共计356项商品。“零关税”原辅料仅限海南自由贸易港内企业生产使用，需接受海关监管，不得在岛内转让或出岛。因企业破产等原因，确需转让或出岛的，应当依法事先补缴税款，并办结海关手续。以“零关税”原辅料加工制造的货物，在岛内销售或销往内地的，企业应当事先补缴其对应进口“零关税”原辅料的进口关税、进口环节增值税和消费税，并办结海关手续。“零关税”原辅料加工制造的货物出口或“零关税”原辅料直接出口，无须补缴税款，按现行出口货物有关税收政策执行。

知识链接　我国的关税制度

按照我国的关税制度规定，关税分为进口关税和出口关税，实行差别比例税率。出口关税方面，目前我国对铬铁等106项商品实施出口关税，对大部分商品免征出口关税。就进口关税而言，我国对国家必需的先进技术设备和原料、材料等进口物品，实行低税或免税，以鼓励进口；对国内需保护的产品，实行较高进口税率；对非必需品和奢侈品，实行更高的进口税率。

对同一种进口商品，可以根据平等互利和对等原则分别对不同的国家实行普通税率、最惠国税率、协定税率、特惠税率和暂定税率等。对与我国没有外交关系的国家和产地不明的进口货物，按普通税率征税。对与我国签订相关协定承诺相互给予最惠国待遇的国家和WTO成员（截至2021年有164个成员），给予最惠国税率，最惠国税率与普通税率的税率差幅往往很大。对与我国签有含关税优惠条款的区域性贸易协定的国家或地区，给予协定税率，较最惠国税率还低，例如我国为支持“一带一路”和自由贸易区建设，对原产于新西兰、秘鲁、哥斯达黎加等23个国家或地区的部分商品实施协定税率。对与我国建交的不发达国家，给予特惠税率或减免税待遇，如老挝、孟加拉国等。暂定税率，即根据形势暂时执行的税率，例如，从2020年1月1日起，我国对850余项商品实施低于最惠国税率的进口暂定税率。

027 全岛封关以后，海南的“零关税”政策有哪些变化？“零关税”政策给企业和居民带来哪些实惠？

在全岛封关运作后，海南的“零关税”政策适用范围更大、门槛更低，更具国际竞争力。政策适用商品范围将会逐步扩大，全岛封关前，对“一负三正”清单中的进口商品，实施“零关税”政策。全岛封关后，对进口征税商品目录以外、允许海南自由贸易港进口的商品，都将免征进口关税。

对于居住在海南自由贸易港内的居民来说，全岛封关后，居民能够在更大范围内消费进口免税商品，居民生活成本将显著降低，居民获得感将切实增强。

对于在海南自由贸易港内的企业及机构来说，全岛封关后，一是商品采购成本降低。零关税、低税率、简税制政策将带来更多的货物贸易自由便利。越来越多的企业将被政策吸引而来投资办厂，容易形成产业集群。二是货物存储成本降低。目前，我国已设立了21个自由贸易试验区以及大量的保税区、综合保税区等海关特殊监管区域。在关税分线征收管理方面，海南自由贸易港与内地海关特殊监管区域类似，但内地绝大多数综合保税区等海关特殊监管区域因为面积有限，租金往往偏高。实施全岛封关后，海南全岛将成为海关监管特殊区域，地理面积较国内其他海关特殊监管区域更大，且不限制存储期限和存放地点，租金相较会更低。另外，海南自由贸易港强调要实施高度自由便利开放的运输政策、构建现代综合交通运输体系，两项政策叠加对仓储物流企业、跨境电商等企业来说是重大利好。三是从“二线”销往内地的商品更具竞争力。海南自由贸易港区别于其他海关特殊监管区域的特点是内部设有居民生活区，这使得海南全岛的经济形态更为丰富，在叠加加工增值税收政策和“零关税”等政策后，税收优惠的针对性更强。

028 什么是离岛免税政策？海南自由贸易港离岛免税政策主要有哪些内容？

离岛免税政策是国家赋予海南的特殊优惠政策。根据《关于海南离岛旅客免税购物政策的公告》（简称《海南离岛免税政策》），海南自由贸易港的离岛免税政策指的是对乘飞机、火车、轮船离岛（不包括离境）的旅客实行限值、限量和限品种的免进口税购物政策，在实施离岛免税政策的免税商店（简称离岛免税店）内或经批准的网上销售窗口付款，在机场、火车站、港口码头指定区域提货离岛的税收优惠政策。离岛免税政策免税税种为关税、进口环节增值税和消费税。

海南离岛免税政策自2011年4月落地以来，在惠及人群、购物限额、购物次数、单次购买商品数量、免税品类等方面进行了不断调整和完善。根据2020年颁布的《海南离岛免税政策》，海南自由贸易港的离岛免税政策主要包括以下内容。

（1）政策适用对象

《海南离岛免税政策》的适用对象为年满16周岁，已购买离岛机票、火车票、船票，并持有效身份证件（国内旅客持居民身份证、港澳台旅客持旅行证件、国外旅客持护照），离开海南本岛但不离境的国内外旅客。

（2）免税商品种类

海南免税购物商品种类包含了45类受消费者青睐的商品，例如首饰、手表、香水、化妆品、笔、眼镜（含太阳镜）、服装服饰、皮带、箱包、糖果、体育用品、美容及保健器材、餐具及厨房用品、玩具（含童车）、婴儿配方奶粉、咖啡、保健食品、家用空气净化器、家用医疗器械、电子消费产品等。

（3）免税购物额度、单次购物数量限制

免税购物额度为每人每年10万元人民币，不限制一年内的购买次数。每次购买数量限制按免税商品种类划分。其中，每人每次可免税购买的化妆品为30件，手机为4部，每人每次可免税购买的酒类（啤酒、红酒、清酒、洋酒以及发酵饮料等）合计不超过1500毫升。除化妆品、酒类和手机外，不限其他商品的单次购物数量限制。需要注意的是，虽然每人每次可购买的免税商品数量限制较为宽松，但仍需符合“总量控制”，即离岛旅客年度累计免税购物金额不能超过10万元人民币。对于超出免税限额、限量的部分，将照章征收进境物品进口税。

（4）免税购物流程

在国家规定的额度和数量范围内，离岛旅客可以在离岛免税店内或经批准的网上销售窗口购买免税商品，免税店根据旅客离岛时间运送货物，旅客凭购物凭证在机场、火车站、港口码头指定区域提货，并一次性随身携带离岛。此处所涉及的离岛免税店是指具有实施离岛免税政策资格并实行特许经营的免税商店。目前，海南的离岛免税购物商店包括

CDF海口美兰机场免税店（T1、T2航站楼）、CDF海口日月广场免税店、海控全球精品（海口）免税城、深圳免税海口观澜湖免税城、CDF琼海博鳌免税店、CDF三亚凤凰机场免税店、CDF三亚国际免税城、三亚海旅免税城、中服三亚国际免税购物公园，以及在2022年正式投入使用的海口国际免税城。目前开设的离岛免税线上销售窗口有CDF海南免税官方商城等微信小程序，还可以通过京东的“中服免税”“深圳免税”“海旅免税城”等小程序体验离岛免税购、免税会员购等服务。2021年，海南离岛免税购物新增“邮寄送达”和“返岛提取”两种提货方式，并对已经离开海南岛但在180天内的游客提供离岛补购的活动，这一系列措施对免税市场消费起到了一定的刺激作用。

在离岛免税新政的刺激下，2020年海南离岛免税销售额实现同比翻番，2021年海南离岛免税销售保持快速增长，年内海南10家离岛免税店销售额601.73亿元，同比增长84%；免税购物人数967.66万人次，同比增长73%；免税购买件数5349.25万件，同比增长71%。

在享受离岛免税政策的同时，我们也应当自觉遵守法律法规。《海南离岛免税政策》规定，对倒卖、代购、走私免税商品的个人，依法依规纳入信用记录，三年内不得购买离岛免税商品；对于构成走私行为或者违反海关监管规定行为的，由海关依照有关规定予以处理，构成犯罪的，依法追究刑事责任。对协助违反离岛免税政策、扰乱市场秩序的旅行社、运输企业等，给予行业性综合整治。离岛免税店违反相关规定销售免税品，由海关依照有关法律、行政法规给予处理、处罚。

029 什么是服务贸易?

商品形态是区分货物贸易和服务贸易的最直观手段。在货物贸易中，商品是有形的，可以一手交钱、一手交货，而服务贸易交易的商品是无形的、不可量化的。服务贸易又称劳务贸易，指国与国之间互相提供服务的经济交换活动。一般情况下，服务贸易既包括有形的活动，也包括服务提供者与消费者在没有直接接触下交易的无形活动。

根据世界贸易组织《服务贸易总协定》的定义，服务贸易由四种活动方式构成。

一是跨境交付。指一成员的服务提供者在其境内向另一成员境内的服务消费者提供服务，以获取报酬。其特点为服务的提供者和消费者分处不同国家，在提供服务的过程中，不构成人员、物资或资金的流动，而是通过电信、邮电或计算机网络实现服务的跨境，如国际金融服务、国际电讯服务、视听服务等。

二是境外消费。指一成员的服务提供者在其境内，向来自任何其他地区的服务消费者提供服务，以获取报酬。其特点为服务消费者到任何其他成员境内接受服务，如国外就医、国外旅游、国外留学进修等。

三是自然人流动。指一成员的服务提供者到任何其他成员境内，向该成员境内的服务消费者提供服务，以获取报酬。它的特点是服务提供者在外国境内向在该成员境内的服务消费者提供服务，例如专家教授到国外讲学、文化艺术从业者到国外提供文化、娱乐服务等。

四是商业存在，指一成员的服务提供者在另一成员境内设立商业机构或专业机构，包括独资子公司、合资公司、分公司、代表处，为后者领土内的消费者提供服务。例如，美国的某品牌在中国开店，中国的某品牌在境外开店。

跨境交付、境外消费及自然人流动这三种活动模式共同构成了跨境服务贸易，即由境外服务提供者向境内消费者提供服务的商业活动。在新冠肺炎疫情全球蔓延导致全球经济严重下滑的背景下，通过互联网和数字技术等方式跨境提供的服务显示出较强的抗风险能力，进一步凸显了跨境服务贸易稳定经济发展的重要性。《“十四五”服务贸易发展规划》将“深化服务贸易改革开放”作为首个重点任务专章，其中特别提出以建立健全跨境服务贸易负面清单为标志。

2021年7月26日，商务部印发《海南自由贸易港跨境服务贸易特别管理措施（负面清单）（2021年版）》（简称《负面清单》），这是我国在跨境服务贸易领域公布的第一张负面清单，实现了我国服务贸易管理模式的重大突破，也是我国主动推进高水平制度型开放的又一个重要举措。《负面清单》统一列出了国民待遇、市场准入、当地存在、金融服务跨境贸易等方面对于境外服务提供者以跨境方式提供服务（通过跨境交付、境外消费、自然人流动模式）的特别管理措施。《负面清单》的出台，有助于有关部门提前进行压力测试，寻找风险点，以及防范监测监控风险，为将来出台全国版负面清单积累经验；有助于形成更为强大的国内市场，联通集聚全球的高端人才、先进技术、数据等优质生产要素和资源，提高我们国家服务业的对外开放水平，推动国内国际双循环的相互促进，更好服务构建新发展格局。

商业存在属于投资的一种，被纳入了外商投资准入负面清单中。除此之外，外商投资准入负面清单中还包括农业、制造业和服务业等各个行业在外商投资方面的特别管理措施。2020年12月31日，国家发展和改革委员会、商务部发布了《海南自由贸易港外商投资准入特别管理措施（负面清单）（2020年版）》，列明了这一模式下对外国投资者的特别管理措施。该清单共27条，与2020年版全国和自由贸易试验区外资准入负面清单的33条、30条相比有所缩减，还推进了增值电信、教育等重点领域的开放，扩大了商务服务的对外开放，放宽了制造业、采矿业的市场准入。

030 什么是市场准入承诺即入制？该制度能给企业带来哪些便利？

（1）什么是市场准入承诺即入制？

市场准入承诺即入制，是指除涉及国家安全、社会稳定、生态环境安全、重大公共利益等国家实行准入管理的领域外，对具有保障人身健康和生命财产安全以及满足经济社会管理基本需要的技术要求相关领域，实行强制性标准管理，原则上取消许可和审批，建立健全备案制度，商事主体承诺符合相关要求并提交相关材料进行备案，即可开展投资经营活动的行政管理方式。

《总体方案》提出市场准入承诺即入制，主要包括以下四个方面内容。

第一，严格落实“非禁即入”。《关于实行市场准入承诺即入制取消部分行政许可的决定（征求意见稿）》明确承诺即入制事项清单实行动态管理。根据《总体方案》要求，依托证照分离改革形成制定市场准入承诺即入制的事项清单，结合产业结构调整指导目录、市场准入负面清单、外商投资准入负面清单等，加快制定内外资统一的市场准入承诺即入制事项清单。通过落实“非禁即入”的承诺即入制事项清单，对符合条件的市场主体，包括不同所有制企业、不同规模企业、内资外资企业，给予公平、平等的市场准入资格，平等保护市场主体权益，平等给予市场机会，有利于降低市场准入门槛，激发各类市场主体的活力，营造法治化、国际化、便利化的一流营商环境。

第二，建立健全备案制度。除涉及国家安全、社会稳定、生态保护红线、重大公共利益等国家实行准入管理的领域外，对具有保障人身健康和生命财产安全以及满足经济社会管理基本需要与技术要求的强制性标准领域，实行“标准制+承诺制”管理。按照《中华人民共和国标准化法》的规定，强制性标准是指农业、工业、服务业以及社会事业等领域统一的必须执行的技术要求。在具备强制性标准的领域内，行业制度已十分健全且规范，市场主体应当执行的管理标准、技术标准、产品标准和安全标准都十分明确，政府能够按照标准对企业进行事中事后监管，还能防止有关部门在管理上越位、错位或缺位，对降低市场准入门槛、防止出现地方保护和行业壁垒十分有利。

第三，备案受理机构从收到备案时起，即开始承担审查责任。根据《实行市场准入承诺即入制取消部分行政许可第一批事项清单（征求意见稿）》，备案受理机构应当将由其负责办理的市场准入承诺即入事项需要提交的全部材料的目录、办理流程和文书示范文本在办公场所、政府门户网站和网上政务平台上公示；备案受理机构应当依申请对本辖区内适用市场准入承诺即入制市场主体基本信息及经营事项进行记载、公示、建立相关档案；申请人要求备案受理机构对公示内容予以说明、解释的，备案受理机构应当说明、解释；备案受理机构应当加强政策解读和办事指引，一次性明确告知市场准入承诺即入事项的监管规则、违反承诺的后果以及开展投资经营活动需符合的强制性标准；备案受理机构应当自完成备案时起同步推送信息至监管部门，7个工作日内依法公开市场主体承诺文件，并将承诺文件推送海南自由贸易港信用信息共享平台，鼓励市场主体主动公开承诺文件。

第四，对外商投资实施“准入前国民待遇+负面清单管理制度”，大幅减少禁止和限制条款。“准入前国民待遇+负面清单管理制度”指的是外资只要在负面清单列明以外的行业、领域、业务内实施投资，或者以政府规定的准入条件和准入方式合规进入，就可以享有与内资同等的国民待遇。该模式有助于扩大开放，营造良好的投资环境，对促进市场公平、激发市场活力具有重大意义。

（2）市场准入承诺即入制能给企业带来哪些便利？

一是有利于厘清政府和市场的边界，保障企业平等进入市场、平等参与竞争的权利。市场准入承诺即入制能够有效落实“非禁即入”，在市场准入领域确立统一公平的规则体系，使各类市场主体都享有同等的市场准入条件待遇，实现“规则平等、权利平等、机会平等”。另外，通过完善备案制度，进一步规范各级政府在市场准入环节的管理权限和措施，有利于打破各种形式的不合理限制和隐性壁垒，将剩余决定权和自主权赋予市场主体，实现“海阔凭鱼跃，天高任鸟飞”，激发各类市场主体特别是非公有制经济的活力。

二是有利于政府减少不必要的干预、审核或审批，实现

“放管结合”。全面实施市场准入承诺即入制，要求政府从“重前置审批”转变为“加强事中事后监管”，将监管关口后移，把更多监管资源投向加强对市场主体投资经营行为的事中事后监管。通过建立健全事中事后监管环节，进一步放宽市场准入，推动行政审批制度改革，能够使市场既充满活力又规范有序，为实施全面深化改革和试验最高水平开放政策积累经验。

三是有利于推进其他相关方面的改革，进一步优化营商环境。实施市场准入承诺即入制，有利于明确政府发挥作用的职责边界，强化政府在战略、规划、政策、标准等制定和实施方面的功能。同时，推动有关部门在一系列领域里制定强制性标准办法，改革与市场准入承诺即入制相关的监管机制、社会信用体系和激励惩戒机制等，进一步完善与市场准入制度相关的法律、法规，推进国家治理体系和治理能力现代化。

031 什么是负面清单管理制度？什么是准入前国民待遇？“准入前国民待遇+负面清单管理制度”对于海南自由贸易港具有哪些积极意义？

负面清单管理制度，指以清单方式列出在中华人民共和国境内禁止和限制投资经营的行业、领域、业务等，各级政府对此依法采取相应管理措施的一系列制度安排。对禁止准入事项，市场主体不得进入，行政机关不予审批、核准，不得办理有关手续；对限制准入事项，或由市场主体提出申请，行政机关依法依规作出是否予以准入的决定，或由市场主体依照政府规定的准入条件和准入方式合规进入；对市场准入负面清单以外的行业、领域、业务等，各类市场主体皆可依法平等进入。负面清单与正面清单相对。后者指的是市场主体只能在清单内列明的行业、领域、业务内实施投资经营；前者指市场主体能够进入清单以外的行业、领域、业务内，政府不做过多干涉，体现了“法无禁止即自由”的精神。

国民待遇，指的是给予在本国境内从事社会经济活动的外国自然人、法人不低于本国自然人、法人的待遇。准入前国民待遇，指的是将外资能够享有国民待遇的阶段从“准入后”提前至“准入前”。准入前国民待遇有利于我国深化改革开放，创造公平竞争的市场环境。

“准入前国民待遇+负面清单管理制度”是当前我国对外资采取的管理模式，外资只要在负面清单列明以外的行业、领域、业务内实施投资，或者以政府规定的准入条件和准入方式合规进入，就可以享有与内资同等的国民待遇。“准入前国民待遇+负面清单管理制度”的模式具备高透明度、高开放度、高自由度的优势，有助于稳定外资企业的预期和信心。另外，该模式通过大幅放宽对外资的市场准入，取消政府的事前监管职能，为包括外资企业在内的市场主体提供一个公平竞争的市场环境，给予外资企业在海南投资发展的机会，对企业在海南自由贸易港扎根落户、激发各类市场主体的活力十分有利。

知识拓展

实行市场准入负面清单制度的意义

第一，实行市场准入负面清单制度将有效压缩政府权力自由裁量空间，明确政府发挥作用的职责边界，提高政府服务效率。市场准入负面清单将分散在各类法律法规中有关市场准入的禁止性和限制性规定进行汇总和明示，让这些事项清晰明确且无法作扩大化的解释，这是用法律约束政府权力的重要途径。此外，在市场准入负面清单制度下，相关管理部门无法再随意出台相关规定对行业准入进行限制，确需纳入市场准入负面清单的新设事项，应在科学评估的基础上，依照法定程序提请制定或修订法律、行政法规或国务院决定。涉及全国经济社会发展的重大事项以及专业性较强的事项，要履行公众参与、专家论证、风险评估、合法性审查和集体讨论决定等决策程序，大大降低了政府调整市场准入管理的随意性。如此，市场准入管理更多受到的是法律规范的调整，而不是行政权力的规定，市场准入负面清单管理模式将有效地压缩政府权力自由裁量空间，提高市场准入管理效率，也将从制度上铲除腐败滋生的土壤。

第二，实行市场准入负面清单制度可将更多行政资源用于加强市场事中事后监管，减少市场中“劣币驱逐良币”的现象。《国务院关于实行市场准入负面清单制度的意见》提出，“各地区各部门要按照各司其职、依法监管的原则，加强对市场主体投资经营行为的事中事后监管。要按照简政放权、依法监管、公正透明、权责一致、社会共治原则，转变监管理念，创新监管方式，提升监管效能，优化对准入后市场行为的监管，确保市场准入负面清单以外的事项放得开、管得住”。过去，很多市场监管政策、手段，由于执行不到位、政策走形变样，结果做事规范的好企业吃亏，不规范的企业占便宜，导致“劣币驱逐良币”。通过负面清单进行市场准入管理将释放部分行政资源，使政府管理的重心切实转到加强事中事后监管上来，促进政府运用法治思维和法治方式加强市场监管，形成制度化、规范化、程序化的市场监管制度。在新的制度下，政府将努力当好“市场秩序的裁判员”“市场环境的营造者”，将“重审批、轻监管”彻底转变为“轻审批、重监管”，及时发现并处理假冒伪劣、坑蒙拐骗、窃取商业机密、侵犯知识产权、缺乏诚信的企业，营造公平竞争的法制化营商环境。

第三，实行市场准入负面清单制度有利于构建开放型经济新体制，参与高水平的国际竞争。构建市场准入负面清单制度是适应对外开放新形势、建设高水平市场经济体制、构建开放型经济新体制的需要。在参与全球竞争的过程中，我国面对的不仅是产品、技术、产业的竞争，更是制度的竞争，构建公平、透明、高效的市场制度环境是增强我国国际竞争力、在国际上占据主动地位的必然要求。面对新形势、新挑战，尤其是已经驶入快车道的中美投资协定谈判，我们需要更加主动地加快建立与国际通行规则接轨的现代市场体系，加快实施市场准入负面清单和外商投资负面清单制度，在制度上占领制高点和主动权。

知识链接 市场准入负面清单和外商投资负面清单的关系

《市场准入负面清单（2022年版）》和《海南自由贸易港外商投资准入特别管理措施（负面清单）（2020年版）》使用的都是“准入前国民待遇+负面清单管理制度”模式。但二者各有定位、功能不同。外商投资准入负面清单仅针对境外投资者，属于外商投资管理范畴；市场准入负面清单是适用于境内外投资者的一致性管理措施，是对各类市场主体市场准入管理的统一要求，属于国民待遇的一部分。这两张负面清单之外的领域，都按照内外资一致原则管理，给予外商投资企业以准入前国民待遇。

032 什么是“极简审批”？什么是“证照分离”？海南如何实施这两项政策？

（1）什么是“极简审批”？

“极简审批”投资制度是指为促进本地区投资便利化、优化营商环境，针对特定投资项目探索实施的一种精简、高效、便捷的投资审批模式。其项目范围一般是一定区域范围（如产业园区、产业聚集区）内功能单一、技术要求简单、低风险的小型企业投资项目；其实施方式一般是综合采取准入清单管理、审批告知承诺、区域评估、合并审查，以及联合验收。

“极简审批”具备审批快、服务优、监管严三大优势，能够解决行政审批周期长、政府服务不到位等影响项目建设和园区发展的问题。

①审批快。“极简审批”是“多规合一”改革成果的具体运用，通过“多规合一”，消除了“规划打架”的矛盾，实现“以规划代立项”“以区域评估取代单个项目评估”，从而取消了部分审批事项，提高了审批效率。

②服务优。“极简审批”的重点就是要做好服务，转变工作职能，行政管理人员的角色由“审批者”变为“服务者”，提供全过程代办服务、主动服务以及微

信服务，让企业切身感受到园区的贴心和保姆式服务。以最优的服务，营造良好的投资环境，打造有温度的园区。

③监管严。通过加强“事中事后监管”、做好技术交底、试行“准入清单”等措施，既简化了审批，又把好园区项目准入关、监管关和验收关，能够大力推进产业在园区的集聚发展。

（2）海南如何实施“极简审批”？

党的十八大以来，海南大力推进简政放权、放管结合、优化服务，不断深化行政审批制度改革，努力优化政务服务营商环境。其中，“极简审批”“一枚印章管审批”“综合窗口受理制”等行政审批制度改革深入推进，有效助力审批服务提速增效。

第一，推行园区“极简审批”改革。为营造法治化、国际化、便利化的营商环境，推动重点园区建设项目尽快落地，2015年，海南在海南生态软件园、博鳌乐城国际医疗旅游先行区、海口国家高新技术产业开发区3个园区推行“六个试行”极简审批改革，包括“规划代立项”、“区域评估评审取代单个项目评估评审”、“准入清单”和“项目技术评估”制度、企业“承诺公示制”、“联合验收”机制、加强事中事后监管试行“项目退出”机制。

审批环节从70个减少至4个，单个项目评估评审减少2/3，实行单一窗口受理，等级注册手续24小时内办结。这些改革措施成为企业在海南发展的“加速器”，并在全国得到了推广。2017年，海南生态软件园新增入园企业1000多家，是过去8年入园企业的总和。2019年3月26日，《中国（海南）自由贸易试验区重点园区极简审批条例》获会议表决通过，规定对在博鳌乐城国际医疗旅游先行区、海口国家高新技术产业开发区、海南老城经济开发区三个产业园区范围内的建设项目，实施特别极简审批（简称“三园”特别极简审批），3个重点园区内的管理机构可以行使本产业园区管理事项的行政审批权和相应的行政处罚权，标志着海南“极简审批”改革有了立法层面的支撑。截至目前，“三园”特别极简审批模式被复制推广到三亚崖州湾科技城、东方临港产业园、海南湾岭农产品综合物流园等9个重点园区，进一步扩大提升了园区企业落地的速度。得益于此，位于三亚崖州湾科技城的中兴通讯三亚研发中心不到半个月就拿到了施工许可证，审批效率得到大大提高。

第二，深化审批服务综合窗口受理制改革。根据国务院推进政务服务“一网、一门、一次”改革要求，2019年4月29日，海南省政府印发《海南省审批服务综合窗口受理制改革实施方案》，明确要求在政务服务大厅推行“前台综合受理、后台分类审批、统一出件”综合窗口受理制改革，28个政务服务大厅实现线下政务大厅综合受理全省覆盖。综合窗口受理制有以下三个优点。

首先，通过设置综合受理窗口，受理事项覆盖部门广，事项多，有效为企业群众提供“一窗办多事”集成服务。截至2021年5月31日，进驻省政府政务服务中心大厅的36个省直单位的2106个政务服务事项中1690个政务服务事项纳入综合窗口受理，占比80%，涵盖省政府（有审批服务事项）的所有部门。

其次，通过综合受理深化并联审批改革，申请人只需提交一份表单、一套材料即可一次性办理多个部门事项。企业开办综合受理窗口对企业开办涉及的企业设立登记、刻章等7个事项一次性办理；工程建设项目综合受理窗口对涉及投资建设项目的68个事项按“立项用地规划许可”“工程建设许可”“施工许可”“竣工验收”四个阶段推动并联审批。海南国际投资单一窗口融合海南e登记、中国银行等多家系实现数据共享和流程联通。

最后，通过综合受理，办事效率显著提高，审批时限大幅压缩。截至2020年12月，省政府政务服务大厅综合受理窗口共收件38377件（网上收件25967件、现场收件12410件），办结数35468件（即办件10661件，占27.8%），平均审批提速50%。全省企业开办综合受理窗口共受理市场主体登记注册1175446户，其中外资企业4387户，企业开办时间压缩为2个工作日，和国家统一要求的4个工作日相比，审批提速50%。工程建设项目综合受理窗口受理并联审批事项1972件。全省15个市（县）、8个市辖区及洋浦经济开发区已正式实施“一枚印章管审批”。通过不断深化审批服务综合窗口受理制改革，让群众“只跑政府不跑部门”的政务服务新机制已初步实现。

第三，推进“互联网+政务服务”。2017年，海南省委、省政府作出了推进“互联网+政务服务”的重大决策部署，要求全面梳理全流程互联网“不见面审批”事项，按照“网上注册、网上申请、网上审核、网上办结、在线支付、网上评价、网上反馈、快递送达”的“全程网办”模式，打造全省互联互通、资源互认的一体化全流程互联网“不见面审批”政务服务平台，推动服务事项跨地区、跨层级、跨部门“网上通办”。

截至2021年5月31日，海南省人均电子证照持有数从2020年的0.047个提升至3.13个，省级事项掌上办占比提升至60%，“全程网办”事项占比率提升到87%，承诺时限压缩率为66%，零跑动率为82%。老年人证办理已纳入“智能审批，秒批秒办”快办服务范围，最快1天即可办结。

（3）什么是“证照分离”？

“证照”是企业进入市场的两把“钥匙”。所谓“证”，指的是各相关行业主管部门颁发的经营许可证，是特定行业的从业资格；“照”，指的是工商部门颁发的营业执照，是对市场主体资格和一般营业能力的证明。原先开办一家公司，需要先取得主管部门的经营许可证，才能到工商部门申办营业执照。

“证照分离”改革，指的是通过有效区分“证”“照”功能，用适当管理方式将许可类的“证”分离出来，尽可能减少审批发证，让更多市场主体“照后能营、持照即营”。“证照分离”改革意味着从以严格审核为主的准入前审批，转为以信用为支撑的事中事后监管，从市场准入的审查者转为维护市场秩序的“啄木鸟”和服务市场主体的“店小二”。开展“证照分离”改革，主要是聚焦办证环节，通过采取改革审批方式和加强综合监管，进一步完善市场准入，解决“准入不准营”问题，使市场主体办证更加快速、便捷、高效，降低企业制度性交易成本，激发市场活力和社会创造力，推进海南自由贸易港的建设。

（4）海南如何实施“证照分离”改革？

第一，建立清单管理制度。

将涉企经营许可事项全部纳入清单管理，逐项列明事项名称、设定依据、审批层级和部门、改革方式、具体改革举措、加强事中事后监管措施等内容。

第二，分类改进涉企经营许可事项管理模式。

根据《海南自由贸易港深化“证照分离”改革进一步激发市场主体发展活力实施方案》（简称《方案》），涉企经营许可事项分别按照直接取消审批、审批改为备案、实行告知承诺、优化审批服务等四种方式，实施“证照分离”改革。具体情况如下。

①直接取消审批。对设定必要性已不存在、市场机制能够有效调节、行业组织或中介机构能够有效实现行业自律管理、通过事中事后监管能够有效规范的涉企经营许可事项，直接取消审批。

②审批改为备案。对具有强制性标准的涉企经营许可事项，原则上取消许可和审批，实行备案制度，市场主体承诺符合相关要求并提交相关材料进行备案，即可开展投资经营活动。审批改为备案后，原则上实行事后备案，企业取得营

业执照即可开展经营；确需事前备案的，企业完成备案手续即可开展经营。

③实行告知承诺。对确需保留的涉企经营许可事项，企业就符合经营许可条件作出承诺，有关主管部门通过事中事后监管能够纠正不符合经营许可条件行为、有效防范风险的，实行告知承诺。实行告知承诺后，有关主管部门要依法列出可量化可操作、不含兜底条款的经营许可条件，明确监管规则和违反承诺后果，一次性告知企业。对因企业承诺可以减省的审批材料，不再要求企业提供；对可在企业领证后补交的审批材料，实行容缺办理、限期补交。

④优化审批服务。针对企业关心的问题，采取下放审批权限，压减审批要件和环节，延长或取消许可有效期限等方式，减轻企业办事负担。

《方案》加大“证照分离”改革试点力度，在涉企经营许可事项改革中，直接取消审批83项，审批改为备案30项，实行告知承诺事项达107项，数量达到全国第一。海南省市场监督管理局还联合海南省大数据管理局切实做好“证照分离”改革全覆盖数据共享反馈有关工作，搭建“证照分离专题库”，实现企业登记信息精准推送至省市相关单位。目前，企业设立信息已能精准推送至42个行政审批主管部门和19个市县，推送率达100%。

第三，强化系统集成和协同配套。

①按照全覆盖要求，将全部涉企经营许可事项纳入清单

管理。清单要动态调整更新并向社会公布，接受社会监督。清单之外，一律不得限制企业进入相关行业开展经营。

②深化商事登记制度改革。持续推进“先照后证”改革，推动将保留的登记注册前置许可改为后置。开展经营范围规范化登记，严格落实市场监管总局经营范围规范目录，为企业自主选择经营范围提供服务。

③推进电子证照归集运用，2022年底前全面实现涉企证照电子化。强化电子证照信息跨层级、跨地域、跨部门共享，凡是通过电子证照可以获取的信息，一律不再要求企业提供相应材料。

第四，创新和加强事中事后监管。

①适应改革要求明确监管责任。要落实放管结合、并重要求，按照“谁审批、谁监管，谁主管、谁监管”原则，切实履行监管职责，坚决纠正“以批代管”“不批不管”问题，防止出现监管真空。

②根据改革方式健全监管规则。直接取消审批的，行业主管部门要及时掌握新设企业情况，纳入监管范围，依法实施监管。审批改为备案的，行业主管部门要督促有关企业按规定履行备案手续，对未按规定备案或者提交虚假备案材料的要依法调查处理。实行告知承诺的，行业主管部门要重点对企业履行承诺情况进行检查，发现违反承诺的要责令限期整改，逾期不整改或者整改后仍未履行承诺的要依法撤销相关许可，构成违法的要依法予以处罚。下放审批权限的，要

同步调整优化监管层级，实现审批监管权责统一。

③结合行业特点完善监管方法。对一般行业、领域，全面推行“双随机、一公开”监管，根据企业信用风险分类结果实施差异化监管措施，持续推进常态化跨部门联合抽查。对直接涉及公共安全和人民群众生命健康等特殊行业、重点领域，落实全覆盖重点监管，强化全过程质量管理，守牢安全底线。要建立企业信用与自然人信用挂钩机制，建立健全严重违法责任企业及相关人员行业禁入制度。对新技术、新产业、新业态、新模式等实行包容审慎监管，量身定制监管模式，对轻微违法行为依法从轻、减轻或者免予行政处罚。深入推进“互联网+监管”，探索智慧监管，加强监管数据共享，运用大数据、物联网、人工智能等手段精准预警风险隐患。

033 海南如何改革跨境证券投融资政策？

海南对跨境证券投融资政策的改革方式主要有以下三点。

一是支持在海南自由贸易港内注册的境内企业在境外发行股票、债券融资。为了扩大企业融资渠道，扶持海南当地企业发展，更多满足实体经济融资需求，《总体方案》提出，2025年前，支持在海南自由贸易港内注册的境内企业根据境内外融资计划在境外发行股票，优先支持企业通过境外发行债券融资，并将企业发行外债备案登记制管理下放至海南省发展改革部门。2021年1月，海垦控股集团首次在境外资本市场发行3亿美元债券，期限为3年，票面利率为3%。其中，贝莱德基金、日兴资管、瑞士银行等逾百家全球机构投资者认购金额超12亿美元，实现了海南省属国有企业发行境外债券的突破，开启了国内农垦系统企业“走出去”向国际资本市场融资的先例。2020年11月26日，国家外汇管理局海南省分局印发《海南自由贸易港内公司境外上市登记试点管理办法》，明确港内公司境外上市登记及变更、注销登记，可在国家外汇管理局海南省分局辖内银行直接办理，进一步提高了在海南自由贸易港内注册的股份有限公司在境外上市登记业务办理的便利化水平。

二是探索开展跨境资产管理业务试点。《关于贯彻落实金融支持海南全面深化改革开放意见的实施方案》强调，支持海南自由贸易港探索开展跨境资产管理业务试点。对境外投资者投资海南自由贸易港内金融机构发行的理财产品、证券期货经营机构私募资产管理产品、公募证券投资基金、保险资产管理产品等资产管理产品，在资金封闭、风险隔离的前提下，为境外投资者在账户开立、资金划转及汇兑等方面提供便利。

三是提高跨境证券投融资汇兑便利。为提高跨境证券投融资汇兑便利，支持在海南自由贸易港内注册的境内企业根据境内外融资计划在境外发行股票融资，国家外汇管理局海南省分局印发《海南自由贸易港内公司境外上市登记试点管理办法》，推出海南自由贸易港内公司境外上市登记改革试点政策，企业境外上市外汇登记直接到国家外汇管理局海南省分局辖内银行办理。该政策属于全国首创，且海南自由贸易港是目前全国唯一的试点地区。

034 海南自由贸易港如何加快金融业对内对外开放?

扩大金融业对内对外开放，引入外资金融机构先进的技术、管理理念和新产品，能提高海南自由贸易港金融行业的整体竞争力，能推动海南全面落实“三区一中心”战略定位，打造我国开放型经济新高地，为我国构建新发展格局提供巨大动能。

第一，支持海南率先实施金融业对外开放政策。2019年7月20日，中国国务院金融稳定发展委员会办公室提出了以下11条金融业对外开放措施。

（1）允许外资机构在华开展信用评级业务时，可以对银行间债券市场和交易所债券市场的所有种类债券评级。

（2）鼓励境外金融机构参与设立、投资入股商业银行理财子公司。

（3）允许境外资产管理机构与中资银行或保险公司的子公司合资设立由外方控股的理财公司。

（4）允许境外金融机构投资设立、参股养老金管理公司。

（5）支持外资全资设立或参股货币经纪公司。

（6）人身险外资股比限制从51%提高至100%的过渡期，由原定的2021年提前到2020年。

(7) 取消境内保险公司合计持有保险资产管理公司的股份不得低于75%的规定，允许境外投资者持有股份超过25%。

(8) 放宽外资保险公司准入条件，取消30年经营年限要求。

(9) 将原定于2021年取消证券公司、基金管理公司和期货公司外资股比限制的时点提前到2020年。

(10) 允许外资机构获得银行间债券市场A类主承销牌照。

(11) 进一步便利境外机构投资者投资银行间债券市场。

《总体方案》提出要培育、提升海南金融机构服务对外开放能力，支持金融业对外开放政策在海南自由贸易港率先实施。这展现出中央积极推动海南金融业更高水平对外开放的鲜明态度和坚定决心。为此，有关部门发布了《关于金融支持海南全面深化改革开放的意见》《关于贯彻落实金融支持海南全面深化改革开放意见的实施方案》《海南省金融业"十四五"发展规划》等文件，以细化措施支持海南自由贸易港金融开放。

第二，壮大金融组织体系。《海南省金融业"十四五"发展规划》提出，进一步增加法人金融机构数量，依法依规支持省内法人金融机构引进外资战略投资者；支持引进或推动设立外资银行、信托公司、金融租赁公司、消费金融公司、汽车金融公司、法人财产险机构、再保险机构等金融业态，着力弥补非银行金融机构发展短板，不断健全和丰富金融组织体系；支持我省相关基金高质量发展；鼓励符合条件的机构在我省依法申请设立合资公募基金管理公司，对投向海南种业、现代农业、航天科技等重点领域的私募股权投资基金，给予登记备案绿色通道；支持符合条件的境外金融机构在我省全资拥有或控股参股期货公司；鼓励外资参股地方性资产管理公司；推动海南银行实现国际化、综合化、专业化经营，深化省农信社联社体制机制改革。

第三，发展场外衍生品业务。场外衍生品，指在场外交易市场进行交易的衍生品，交易种类包括权益、利率、商品、外汇及信用的期权、互换和远期产品。场外衍生品具有与期货类似的套期保值功能，是风险管理、资产配置、投资交易的重要金融工具。不同于期货交易所的标准化合约，场外衍生品可以按照买卖双方的意愿进行个性化定制，满足实体企业的多元化、差异化需求。从国际市场看，各类场外衍生品每年的交易额高达数百万亿美元以上，约是场内交易额的6倍以上，市场空间巨大。清算所是场外交易风险管理的基础性平台，有专家将清算所通俗地比喻为“大宗商品的支付宝”。

2021年12月30日，海南国际清算所在三亚揭牌，其主要功能如下：一是商品流通的贸易平台，提供集中履约担保的清算服务；二是套期保值的风险管理平台，提供个性化衍生品交易合约；三是投资与交易平台，为投资机构提供商品类资产配置的丰富标的；四是企业拓展国内外市场的金融工具，具有融资与担保双重功能。成立海南国际清算所，将提升中国在国际大宗商品领域的定价话语权；将助推人民币国际化，丰富人民币的应用场景；将连接“一带一路”市场，成为中国企业“走出去”的助推器；将增强产业集聚与辐射效应，吸引大宗商品类产业链相关龙头企业、大宗贸易商和交易商在三亚聚集，通过交易形成的价格为国内外市场带来新的价格基准，向国内外释放出海南自由贸易港的更大影响力。

第四，构建与国际惯例接轨的规则制度体系。进一步推动更高水平金融开放，就应主动对标开放程度较高的国际高标准，不断完善制度。因此，《总体方案》提出支持海南自由贸易港内已经设立的交易场所在会员、交易、税负、清算、交割、投资者权益保护、反洗钱等方面，建立与国际惯例接轨的规则和制度体系，以进一步提升自身竞争能力、开放监管能力和风险防控能力。时任海南省常务副省长沈丹阳提出，未来海南将探索允许国内、国际交易品种挂牌交易，境内外投资者自由进出参与交易，交易资金闭环自由进出，全力打造跨境交易便利化平台。

第五，支持保险业发展。《总体方案》从宏观层面提出，在符合相关法律法规的前提下，支持在海南自由贸易港设立财产险、人身险、再保险公司以及相互保险组织和自保公司，为保险业提供了总体发展思路。在《总体方案》的基础上，2020 年 9 月 1 日海南省人民政府发布了《海南自由贸易港博鳌乐城国际医疗旅游先行区制度集成创新改革方案》，明确提出在医疗、药品、健康等方面引入保险服务支持。在此背景下，太平人寿保险有限公司结合自身优势、融合稀缺资源，推出了首款面向全球的特药保险，为客户提供买得起、用得上的境外特药保障。

2021 年，中国人民银行、中国银行保险监督管理委员会、中国证券监督管理委员会和国家外汇管理局联合对外发布《关于金融支持海南全面深化改革开放的意见》，为保险行业在海南自由贸易港建设过程中扮演的角色和发挥的重要作用提出建议：一是扩大保险业对外开放，加强研究海南自由贸易港与港澳地区保险市场深度合作；二是创新发展保险业务，支持符合条件的保险机构在海南省设立保险资产管理公司，并在账户独立、风险隔离的前提下，向境外发行人民币计价的资产管理产品；三是支持符合条件的海南省保险机构开展境外投资业务，推动金融市场双向开放；四是大力推进跨境金融创新，进一步打通本外币、境内外、在岸离岸市场的对接合作路径。

035 海南如何增强金融服务实体经济的能力？

现代金融的“嫌贫爱富”是由金融的自身逻辑所决定的，在信息不对称的条件下，金融服务挑客户、设门槛、索抵押，目的就是最大限度规避风险。在经济发展早期阶段，追求更高效率的发展，的确是生产要素约束条件下的最优解。但随着我国社会生产力水平的不断提升，牺牲某一群体的利益来成就另一个群体的发展模式正在逐渐被扎实推进共同富裕的政策目标所改变。在这样的背景下，引导金融服务流向，让金融回归为实体经济服务的本原，满足经济社会发展和人民群众需要，对促进共同富裕有重大意义。增强金融服务实体经济的能力，海南应从以下五点做起。

第一，建立健全企业发行债券融资机制。《总体方案》提出要支持发行公司信用类债券、项目收益票据、住房租赁专项债券等，以进一步扩大直接融资规模。信用类债券是一种不以特定资产作担保而发行的债券，属于无担保证券范畴，一般信用良好的公司才能发行。项目收益票据（project revenue note）是国家发展改革委重点鼓励的债权品种，发行主体一般为项目公司，募集资金用于项目建设，偿债来源以项目收益为主，期限可覆盖整个项目投资周期，包括项目建设阶段与运营收益阶段。在实践中，由于在建项目的未来收益难以支撑债券信用，项目收益债券方案设计上依然需要较高资质的发行主体提供增信措施。住房租赁专项债券指资金专项用于租赁住宅的建设或住房租赁相关项目借款偿还的债券，投向租赁住宅的资金比例通常需大于70%，券种集中为公司债。2021年11月12日，《关于加快发展保障性租赁住房的实施意见（征求意见稿）》发布，提出要支持企业发行企业债券、公司债券、非金融企业债务融资工具等公司信用类债券，用于保障性租赁住房建设运营。

第二，开展质押融资业务。对于股权、优质资产、保单、仓单、应收账款、知识产权等来说，它们都可以作为质押担保，从银行等金融机构获得融通资金。《总体方案》提出支持金融机构在依法合规、有效防范风险的前提下，在服务贸易领域开展保单融资、仓单质押贷款、应收账款质押贷款、知识产权质押融资等业务。支持涉海高新技术企业利用股权、知识产权开展质押融资，推动开展证券化试点，以充分满足海南自由贸易港内市场主体需求，构建多层次、多渠道、国际化的金融支持体系。

第三，推动科技与金融深度融合。创新金融监管科技手段，综合运用大数据、区块链、人工智能等技术手段，优化监管数据采集机制，持续扩大金融监管科技的应用范围和广度，进一步强化行为监管与功能监管。鼓励金融机构运用先进信息技术完善合规运营和风险识别防范体系，提升数字化、智能化能力和水平，全面执行金融监管要求。扩大金融科技在金融风险管理中的应用，提高海南自由贸易港金融风险识别能力和系统风险防范能力。利用科技手段强化信用监管，加强金融监管部门信息共享、金融机构信用披露与信用分类评价工作，建立健全失信主体惩戒机制，发挥信用在金融风险识别、监测、管理、处置等环节的基础作用。

第四，推动保险与医疗相结合。目前我国商业健康保险仍处在发展的初级阶段，在产品供给、理赔服务等方面仍存在诸多不足，通过探索建立与国际商业保险付费体系相衔接的商业性医疗保险服务，与境外机构合作开发跨境医疗保险产品，可以学习国外经验，创新定价方式，降低进口药使用门槛，吸引境外医疗消费回流，对保障人民身心健康、体现社会公平、维护社会安定等都有重大意义。目前，友邦保险携手镁信健康、中再寿险，联合推出了国内首款适用于海南博鳌乐城国际医疗旅游先行区政策的境内外特药险，该险覆盖70种抗癌特药，主要针对费用较高、疗效确切且无其他治疗方案可替代的药物，属于新型健康保险。另外，国寿财险联合圆心惠保推出了海南乐城全球特药险，覆盖了国内上市特药及境外上市特药共计近40种，最高理赔额度100万元。

第五，做强产业金融。《海南省金融业“十四五”发展规划》提出支持金融机构立足海南旅游业、现代服务业、高新技术产业等重点产业发展需要，创新金融产品，提升服务质效。深化“金融+旅游业”“金融+现代服务业”“金融+高新技术产业”等，强化重点项目金融服务保障能力。以重点园区运营公司、园区入驻企业以及参与园区建设的省属重点国有企业金融需求为导向，主动为海南自由贸易港重点园区研究和编制投融资规划，提供“一园一策”“一企一策”的综合性金融服务方案。

036 为什么海南要强化竞争政策的基础性地位？如何维护公平竞争的市场秩序？

（1）为什么海南要强化竞争政策的基础性地位？

《总体方案》明确提出要“建立健全公平竞争制度”，从制度设计上确立了竞争政策在海南自由贸易港建设过程中的基础地位。《中国（海南）自由贸易试验区“强化竞争政策”试点实施方案》更是作出了“大力培育竞争文化”的工作安排。为营造自由贸易港法治化、国际化、便利化营商环境，海南自由贸易港需要强化竞争政策的基础性地位，主要原因有以下几点。

一是自由贸易港的功能定位与实施竞争政策高度契合。自由贸易港的功能定位实际上是更高水平的开放，建设自由贸易港的核心就是构建真正的国际化市场运行机制。竞争政策的核心是市场开放和公平竞争，与自由贸易港建设的目标相一致。改革开放的实践证明，不断完善竞争政策的实施，发挥竞争政策的基础性作用，是推动社会主义市场经济发展的有力措施，可以为自由贸易港建设提供强大支撑。

二是自由贸易港竞争政策为全球提供可复制推广的中国方案。中国改革开放需要循序渐进，自由贸易试验区与自由贸易港的竞争政策本质上不同，虽然都是同一个竞争政策，但是对自由贸易港来说竞争政策的要求和标准更高更严，在竞争政策落地方面能作出示范和表率。

三是竞争政策的基础性地位强调了顶层设计的重点。竞争政策的基础地位搭建了整个自由贸易港政策体系的框架，是其他经济政策制定的基准，意味着其他政策尽可能不要跟竞争政策发生冲突，或者即使有不一样的地方，也不能伤害竞争政策的基础地位。

四是产业政策转向竞争政策解决了自由贸易港高质量发展中的矛盾。在自由贸易港建设过程中出现了一些问题，比如：不当的市场准入政策降低市场效率；歧视性扶持政策损害市场公平竞争；差别的区域政策导致地方政府与企业错位，局部利益成为建立全国统一市场的障碍；政府在科技创新领域代替市场进行技术路线选择存在方向性风险。以上这些问题阻碍了公平竞争，解决这些问题需要把制度建设放在第一位，将竞争倡导与竞争执法并重，厘清政府与市场的边界，营造公平的市场环境。

（2）如何维护公平竞争的市场秩序？

《海南自由贸易港法》明确要求，海南自由贸易港的各类市场主体在准入许可、经营运营、要素获取、标准制定、优惠政策等方面依法享受平等待遇。政府要施行公平的市场政策，在政府采购方面内外资企业一视同仁，同时加强和优化反垄断执法，落实公平竞争审查制度。《海南自由贸易港公平竞争条例》（简称《条例》）以自由贸易港法为遵循，通过对标《总体方案》中“建立健全公平竞争制度”的设计安排，提出维护公平竞争秩序，应从以下三点做起。

第一，完善公平竞争政策体系。《条例》从约束规范行政权力干预市场活动、明确以竞争政策为基础协调产业政策等经济政策、平等对待各类市场主体、放宽市场准入门槛等多个方面，对如何强化竞争政策基础性地位进行相对具体化的规定。一是最大限度减少政府对市场活动的直接干预。尊重市场经济规律，促进商品和要素自由便利流动，充分发挥市场在资源配置中的决定性作用。二是加强产业政策和竞争政策协同。在制定具体的产业政策时，应当坚持以竞争政策为基础，统筹协调产业政策和其他经济政策，充分发挥各类政策在推动经济高质量发展中的相互促进作用，增强产业竞争力，集聚全球优质生产要素，推动产业政策向普惠化和功能性转型，强化对技术创新和结构升级的支持。三是保障各类市场主体待遇平等。避免政策制定减损市场主体合法权益或者增加其义务的政策措施。同时不得滥用行政权力，制定含有排除、限制竞争内容的政策措施；实施垄断监管和负面清单。推进自然垄断行业改革，开放竞争性业务，加快竞争性环节市场化，加强自然垄断行业和垄断环节监管。实行跨境服务贸易负面清单管理制度。负面清单以外的领域，境内外服务提供者依法平等参与市场竞争。

第二，实施公平竞争审查制度。《海南自由贸易港公平竞争审查制度实施办法（暂行）》提出:

①审查范围与程序。公平竞争审查应当遵循审查基本程序，识别相关政策措施是否属于审查对象，判断是否违反审查标准，征求利害关系人意见或者向社会公开征求意见，分析是否适用例外规定；政策制定机关进行公平竞争审查，可

以咨询专家学者、法律顾问、专业机构的意见。

②评估与清理。政策制定机关应当建立健全政策措施定期评估机制；政策制定机关应当建立健全政策措施动态清理机制，对经投诉、举报、督查、抽查、评估、反垄断执法机构调查、自查等发现的妨碍统一市场和公平竞争的政策措施及时进行修改完善或者废止；政策制定机关应当建立政策措施公平竞争审查目录管理制度，对经公平竞争审查出台的政策措施列明名称、文号、制定时间、公平竞争审查结论、评估情况、清理情况、效力状态等信息，形成统一目录，进行动态调整。

③监督与责任追究。政策制定机关涉嫌未进行公平竞争审查或者违反审查标准出台政策措施的，任何单位和个人可以向政策制定机关反映，也可以向政策制定机关的上级机关或者本级及以上市场监督管理部门举报；组织本区域政策措施公平竞争审查抽查，检查有关政策措施是否履行审查程序、审查流程是否规范、审查结论是否准确；公平竞争审查制度落实情况为强化公平竞争政策实施的重要内容，纳入优化营商环境、法治政府建设等考核评价体系。

第三，明确影响公平竞争的行为。《条例》中第二十一条、第二十二条、第二十三条对影响公平竞争的行为进行了明确，包括禁止从事的不正当竞争、市场垄断和行政性垄断行为，这些规则总体上与国家法律相关规定保持一致。

037 为什么要保护私人和法人财产的合法权利？海南如何完善产权保护制度？

保护私人和法人财产的合法权利在自由贸易港建设过程中意义重大，作用有以下三点。

一是有利于调动私人和企业的积极性和创造性。产权是一种通过社会强制而实现的对某种经济物品的多种用途进行选择的权利。作为排他性的财产支配权，私人产权在促进经济资源利用效率方面发挥着不可替代的重要作用。现代制度经济学认为，经济自由平等的前提在于私人产权，产权状况决定着个人经济自由和经济民主的状况。现代市场经济运行过程中，产权平等保护是产权平等交易的核心，而产权平等交易是市场平等交易的前提。

二是保护私有财产权是实现自由贸易港对外开放的前提。外资企业，尤其是拥有高新技术和具有独特商业秘密及技术诀窍的外资企业，在专利、商标等知识产权方面具有独特的竞争优势，对知识产权的保护关系到他们敢不敢来自由贸易港投资。海南自由贸易港法的实施将打消外资企业在知识产权保护方面的顾虑，让他们吃下定心丸安心投资。据海南省商务厅统计，2021 年全省新设立外商投资企业 1936 家，比上年增长92.64%；实际使用外资35.2亿美元，比上年增长16.2%，实际利用外资规模和增速位居全国前列。

三是保护私人财产权是自由贸易港经济发展和深化改革的迫切需要。自由贸易港产权保护让大批优秀企业家在市场竞争中迅速成长，为积累社会财富、创造就业岗位、促进经济社会发展、增强综合实力做出了重要贡献。为私人和法人创新创业营造良好法治环境，对于增强企业家人身及财产财富安全感，稳定社会预期，使企业家安心经营、放心投资、专心创业，充分发挥企业家在建设现代化经济体系、促进经济持续平稳健康发展中的作用具有重大意义。

对于海南自由贸易港产权保护的路径，可分为以下几点。

第一，逐步形成具有国际竞争力的知识产权保护体系。《海南自由贸易港法》第二十三条规定，国家依法保护海南自由贸易港内自然人、法人和非法人组织的知识产权，促进知识产权创造、运用和管理服务能力提升，建立健全知识产权领域信用分类监管、失信惩戒等机制，对知识产权侵权行为，严格依法追究法律责任。《海南自由贸易港知识产权保护条例》提出：①对标国际高水平经贸规则，推动有关规则在海南先行先试，提高知识产权保护水平。②着力解决知识产权保护痛点难点问题。立足自由贸易港知识产权保护突出问题和重点领域，在商标、专利保护方面，规定强化知识产权质量导向。③强化知识产权司法保护，充分发挥司法机关对知识产权保护工作的司法保障、指引作用。依托国家设立的海南自由贸易港知识产权法院，规定建立与海南自由贸易港知识产权保护相适应的案件管辖制度和协调机制，加强对植物新品种、关键核心技术等知识产权司法保护。④着眼于未来产业发展需要做出前瞻性规定。为海南特色产业产权发展做出实质性规定。⑤多元化解，加强监管，提升知识产权保护整体效能。

第二，完善产权保护制度，夯实优化营商环境的法治基础。《海南自由贸易港法》第十八条规定，完善投资促进和投资保护制度，强化产权保护，保障公平竞争，营造公开、透明、可预期的投资环境。①保证市场主体的合法权益，包括保护各类市场主体的自主经营权、财产权、知识产权，也包括保护中小投资者、治理拖欠企业账款、创新和完善信用监管、完善纠纷解决机制等内容。②突出公正保护，从落实监管责任、创新监管方式、规范执法行为等方面做详尽的规定，围绕推进法治政府建设，对政策制定、法规政策公布和解读咨询、政策评估和清理、政务诚信等内容进行了规定，通过出台法律法规让各类投资者包括外商投资者吃下定心丸，保证他们获得公平的竞争机会，享受公平的市场环境，维护他们的合法产权及权益，把对外开放过程中优化营商环境的举措以立法的形式固定下来。③对标国际一流产权保护标准，同时学习在国际社会排名提升快、优化幅度大的发展中国家经验，按照市场规律创新监管、服务模式，适应新业态、新模式。

第三，建立健全归属清晰、权责明确、保护严格、流转顺畅、监管有效的自然资源资产产权制度体系。《海南自由贸易港法》第三十二条规定，健全自然资源资产产权制度和有偿使用制度，促进资源节约高效利用。《海南省自然资源资产产权制度改革实施方案》提出：①健全自然资源资产产权体系。一是健全土地资源产权体系。落实承包土地所有权、承包权、经营权“三权分置”，开展经营权入股、抵押，完善转包、出租、互换、入股等土地流转方式。二是健全矿产资源产权体系。加强矿业权设置、出让与国土空间规划和其他专项规划的衔接。三是健全海洋资源产权体系。加快完善海域使用权出让、转让、抵押、出租、作价出资（入股）等权能。②明确自然资源资产产权主体。开展全民所有自然资源资产所有权委托代理机制试点；依法落实农村集体经济组织特别法人地位；完善自然资源招标、拍卖、挂牌出让制度，充分保证自然人、法人和非法人组织等各类市场主体依法平等使用自然资源资产、公开公平公正参与市场竞争，同等受到法律保护。③建立自然资源统一调查监测评价制度，强化自然资源统一确权登记。开展自然资源统一调查监测评价，探索建立自然资源资产清查与核算制度，开展自然资源资产负债表编制试点。④强化自然资源整体保护和修复，促进自然资源资产集约开发利用。

038 为什么海南自由贸易港把实现贸易投资自由化便利化作为重点来抓？海南自由贸易港如何实现贸易投资自由化便利化？

（1）为什么海南自由贸易港把实现贸易投资自由化便利化作为重点来抓？

《海南自由贸易港法》明确指出，海南自由贸易港建设以贸易投资自由化便利化为重点，以各类生产要素跨境自由有序安全便捷流动和现代产业体系为支撑，以特殊的税收制度安排、高效的社会治理体系和完备的法治体系为保障，在明确分工和机制措施、守住不发生系统性风险底线的前提下，构建海南自由贸易港政策制度体系。

将实现贸易投资自由化便利化作为重点抓手的意义可以概括为以下几点。

第一，打造人流、物流、资金流自由开放新高地。自由贸易港肩负着我国在新时期加快政府职能转变，积极探索管理模式创新，促进贸易和投资自由化便利化，为全面深化改革和扩大开放探索新途径、积累新经验的重要使命。探索建设中国特色自由贸易港，从助推全面开放新格局的战略高度，按照“体现中国特色、符合中国国情”的要求，充分借鉴国际自由贸易港区的发展经验，以“四大自由、四种便利”为参照系，逐步建立自由贸易港运作模式，在内外贸、投融资、财政税务、金融创新、出入境等方面，探索更加灵活的政策体系、监管模式和管理体制，为实现更高水平的改革开放探索新路径、积累新经验。

第二，深化制度创新，是营造良好营商环境的迫切需要。制度创新是自由贸易港建设的核心任务，自由贸易港致力于构建更加法治化、国际化、便利化的营商环境，要深入推进商品和要素流动型开放，加快推动规则、规制、管理和标准等制度型开放，倒逼政府职能转变，促进市场公平竞争，推进社会治理创新，建立现代法治体系，以高水平开放带动深层次改革，从而营造国际一流的营商环境。

第三，服务国家战略，是推动自由贸易港高质量发展的重要举措。在海南建设自由贸易港，推动各类要素跨境自由有序安全便捷流动，引进国际先进技术、经营理念和管理经验，打造包括资本、知识、技术、管理、人才在内的全球优质生产要素集聚区，形成具有海南特色的现代产业体系，为全国经济高质量发展提供典型示范。

(2) 海南自由贸易港如何实现贸易投资自由化便利化?

贸易投资自由便利是国际先进自由贸易港的普遍特征，也是海南自由贸易港政策制度体系的核心内容。《总体方案》指出，在实现有效监管的前提下，建设全岛封关运作的海关监管特殊区域，实行“一线”放开、“二线”管住的贸易自由便利政策制度。对货物贸易，实行以“零关税”为基本特征的自由化便利化制度安排；对服务贸易，实行以“既准入又准营”为基本特征的自由化便利化政策举措；对推进投资自由便利，大幅放宽海南自由贸易港市场准入，强化产权保护，保障公平竞争，打造公开、透明、可预期的投资环境，进一步激发各类市场主体活力。

《海南自由贸易港法》第二章、第三章共14条，对贸易和投资自由化便利化作出了专章规定。在贸易自由化便利化方面，确立了“一线”放开、“二线”管住的货物贸易监管模式；明确海南自由贸易港对跨境服务贸易实行负面清单管理制度，对清单之外的跨境服务贸易，按照内外一致的原则管理。在投资自由化便利化方面，全面推行“极简审批”投资制度，完善投资促进和投资保护制度，强化产权保护，适用专门的外商投资准入负面清单和放宽市场准入特别清单，逐步实施市场准入承诺即入制。

2021年4月，商务部等20个部门联合印发《关于推进海南自由贸易港贸易自由化便利化若干措施的通知》（简称《通知》），细化落实《总体方案》部署要求，推进贸易自由便利政策制度的系统集成创新。《通知》聚焦货物贸易自由便利和服务贸易自由便利两大方面，明确了28项政策措施。其中，13项围绕推进货物贸易自由便利进行制度安排，15项聚焦服务贸易自由便利设计政策举措，主要内容为以下三个方面。

一是紧扣先行先试。《总体方案》提出，2025年前要做好封关运作准备工作，适时启动全岛封关运作。这就要求海南自由贸易港关于“一线”放开、“二线”管住的贸易自由便利政策制度设计以及相关配套措施，要在特定范围和部分领域率先落地实施，为未来全岛封关运作进行压力测试。《通知》对于实行“一线”放开、“二线”管住的区域，提出有针对性地放宽限制安排，成熟一项推出一项，促进释放发展潜力。比如，在洋浦保税港区内先行试点经“一线”进出口原油和成品油，不实行企业资格和数量管理，进口食糖不纳入关税配额总量管理，进出“二线”按现行规定管理。又如，在实施“一线”放开、“二线”管住的区域，进入“一线”原则上取消自动进口许可管理，取消机电进口许可管理措施，进入“二线”按现行进口规定管理。这些政策措施都将为未来全岛封关运作探索路径、积累经验。

二是突出海南特色。习近平总书记要求，海南自由贸易港建设要符合海南发展定位。《通知》围绕海南“三区一中心”的战略定位，聚焦发展旅游业、现代服务业和高新技术产业，提出务实举措。比如，海南省省内国际航行船舶保税加油许可权下放海南省人民政府，将有力支持洋浦打造具有较强服务功能和辐射能力的国际航运枢纽。又如，支持海南发展新型离岸国际贸易、数字贸易、技术贸易、文化贸易及平台项目，支持建设区域性国际会展中心，支持创建国家文化出口基地，建设国家对外文化贸易基地，鼓励创新服务贸易国际合作模式等，将加快培育具有海南特色的优势产业，推动持续优化海南贸易发展的软环境。

三是统筹发展和安全。坚持既“放得开”，又“管得住”，注重创新监管模式，加强风险防控体系建设。比如，实施海关总署审批和授权中华人民共和国海口海关（简称海口海关）审批的层级审批模式，提升进出口商品质量安全风险预警和快速反应监管能力；又如，完善服务贸易统计监测制度，加强对海南自由贸易港跨境服务贸易监测和分析，建设与开放市场环境相匹配的产业安全预警体系，以及与自由贸易港开放型经济相适应的贸易调整援助机制；等等。

到2021年，海南已经出台了包括零关税清单在内的150多项政策。其中，海南自由贸易港进出岛航班加注保税航油政策、洋浦保税港区加工增值免关税政策公布实施，全国首张服务贸易负面清单编制出台，外籍邮轮多点挂靠管理办法制定执行等，都具有较大的开创性和创新性，又与企业和市场主体的切身利益直接相关。自2021年2月份起，跨境服务贸易始终维持两位数增长水平，知识密集型服务贸易占比提升，跨境服务贸易结构持续优化。

039 海南自由贸易港推动投资自由化便利化措施有哪些？

促进形成高水平的投资自由化便利化，是海南建设自由贸易试验区和中国特色自由贸易港的重要内容，也是检验海南自由贸易港改革创新成效的重要指标，更是海南自由贸易港改革创新红利的直接体现。根据《海南自由贸易港法》，推动投资自由化便利化的措施有以下三点。

（1）对外商投资的管理制度

根据《海南自由贸易港法》第十九条的规定，海南自由贸易港对外商投资实行准入前国民待遇加负面清单管理制度。相较国内其他区域制定更开放的外商投资准入负面清单，该清单由国务院有关部门会同海南省制定并报国务院批准后发布。

①外商投资准入负面清单。2020年11月24日，《海南自由贸易港外商投资准入特别管理措施（负面清单）（2020年版）》由国家发展改革委第12次委务会议审议通过和商务部审签，并经国务院批准，特别管理措施缩减至27条，自2021年2月1日起施行。该负面清单针对医疗、养老、教育、文化、体育等领域，制定专门的便利化制度，以促进产业集群发展。

②外资准入管理制度。海南自由贸易港的外资准入管理制度，按照《中华人民共和国外商投资法》（简称《外商投资法》）的规定，全面取消外商投资企业的审批与备案制，实行准入前国民待遇加负面清单管理制度，进一步简化了外商投资企业设立程序，为外商投资营造更便利的环境。同时，有关主管部门在依法履行职责过程中，对外国投资者拟投资负面清单内领域但不符合负面清单规定的外商投资企业不予办理相关程序。涉及固定资产投资项目核准的，不予办理相关核准事项；相关主管部门对外商投资准入负面清单的执行情况加强监督检查，对违背相关规定的外商投资企业按照《外商投资法》第三十六条规定予以处理。

③外资监管制度。基于其独特身份，外商投资在进入中国市场后仍然需要受特殊制度的管理，具体体现为建立外商投资信息报告制度和外商投资安全审查制度。《海南自由贸易港法》规定，外商投资应遵守国内统一的外商投资信息报告制度、外商投资安全审查制度，加强事中事后监管。

（2）对一般投资的准入管理制度

《海南自由贸易港法》第十八条在原则上明确规定，海南自由贸易港实行投资自由化便利化政策，全面放开投资准入。具体而言，对一般投资的准入管理事项，主要包括海南自由贸易港放宽市场准入特别清单、市场准入管理制度。

①海南自由贸易港放宽市场准入特别清单。《总体方案》指出，要严格落实“非禁即入”，在2025年之前制定出台放宽市场准入特别清单，该清单在功能上应与市场准入负面清单并无差异，旨在促进行政许可与行业准营程序的自由便

利。2021年4月，国家发展改革委、商务部发布《关于支持海南自由贸易港建设放宽市场准入若干特别措施的意见》，专门针对医药卫生、金融服务、文化产业、教育产业、航空航天、种业、新能源等领域，联合相关行业主管部门，拟从多层面制定鼓励与支持政策。该做法另辟蹊径，以类似正面清单的模式列举鼓励产业，制定特别措施。

②市场准入管理制度。市场主体在符合放宽市场准入特别清单的规定后，进入国内市场还需要完成两项程序：进行商事登记、获得行政许可。《海南自由贸易港法》第二十条规定，海南自由贸易港实行以过程监管为重点的投资便利措施，逐步实施市场准入承诺即入制。由此，海南自由贸易港对标国际标准，进一步简化国内投资管理流程，使企业可以更便捷地拿到营业执照并尽快正常运营。

（3）投资监管与保护制度

海南自由贸易港的投资制度从传统的“严准入轻监管”转变为“宽准入重监管”，因此需要充分完善投资准入且准营后的市场管理制度。《海南自由贸易港法》通过5个条款规定了投资监管与保护制度，更加强调对投资利益及公平竞争市场环境的维护。

①投资监管制度。《海南自由贸易港法》第二十条和第二十一条规定，海南自由贸易港实行以过程监管为重点的投资便利措施；海南自由贸易港按照便利、高效、透明的原则，简化办事程序，提高办事效率，优化政务服务，建立市场主体设立便利、经营便利、注销便利等制度，优化破产程序。同时，《总体方案》也做了相应的要求，在2025年之前

建立健全社会信用体系，并建立以信用监管为基础、与负面清单管理方式相适应的过程监管体系；同时，还要求严格落实备案受理机构的审查责任和备案主体的备案责任，建立健全过程监管的规则与标准，并明确违背监管规则的市场主体的法律责任。在过程监管过程中，应推动建立以电子证照为主的设立便利，以“有事必应、无事不扰”为主的经营便利，以公告承诺和优化程序为主的注销便利，以尽职履责为主的破产便利等政策制度。

②投资保护制度。《海南自由贸易港法》第二十二至二十四 条规定投资保护的问题，凸显海南自由贸易港对保护投资并提振国内外投资者信心的重视程度。

第一，国家依法保护自然人、法人和非法人组织在海南自由贸易港内的投资、收益和其他合法权益，加强对中小投资者的保护。结合《外商投资法》以及《总体方案》的相关要求，此处应当包含保护依法征收私人或企业财产时被征收财产所有人得到补偿的权利，并且将授予海南省制定征收征用条例的权力。

第二，保护海南自由贸易港内自然人、法人和非法人组织的知识产权，促进知识产权创造、运用和管理服务能力提升，建立健全知识产权领域信用分类监管、失信惩戒等机制，严格依法追究知识产权侵权行为的责任。该规定与《外商投资法》中对知识产权的保护一脉相承，是当前中国转型升级国内产业，应对外部政治压力的重要举措。

第三，海南自由贸易港保护各类市场主体公平公正的市场地位，在准入许可、经营运营、要素获取、标准制定、优惠政策等方面依法享受公平待遇，平等参与市场竞争。该规定与《外商投资法》投资促进章节的相关规定相互对应，注重投资市场的软环境建设，需要持续的政府创新与优化措施，对投资营商环境的建设至关重要。海南自由贸易港为了保证公平竞争的市场环境，还需要加强和改进反垄断和反不正当竞争执法。2020年7月，海南省市场监督管理局就起草的《海南自由贸易港公平竞争条例（征求意见稿）》公开征求意见，就公平竞争审查，滥用行政权力排除、限制竞争行为，垄断行为，不正当竞争行为，监督检查、调查，法律责任等进行明确。

040 什么是电子围网？

电子围网简单来说是实行现代化海关监管的模式。电子围网是利用现代化的信息和智能化的手段，实时跟踪每一个商品、人或物的状态。比如每一个商品在进入海南岛的时候，都会有一个电子身份码，海关监管部门可以根据商品的电子身份码对该商品是否及时清关进行定向和跟踪。如果这个商品在进入海南岛境内后没有及时地进行清关，且这个商品已经被使用和被消费掉，那么这涉及违反国家关于海关监管的相关法律，属于走私行为。

电子围网的好处就在于它不需要去拉具体的物理围网来进行监管和隔离，而是通过现代化的电子信息化的处理手段运用大数据来进行监管。建议全岛封关运作的海关监管特殊区域，不仅仅对商品，可以通过电子围网的方式对商品、车辆、人、资金实行监管，大大提升监管的效率，实现体制机制的创新。

041 什么是自由贸易账户（FT账户）？海南如何构建多功能FT账户体系？

（1）自由贸易账户（FT账户）的定义

自由贸易账户是指银行等金融机构根据客户需要在自由贸易试验区分账核算单元开立的规则统一的本外币账户，独立于现有的传统账户体系，属于央行账户体系的专用账户。

FT账户特点为：分账核算，本外币合一可兑换账户，“一线”放开、“二线”管住、有限渗透，跨“二线”（境内）只能划转人民币，适用离岸汇率。

自由贸易账户主要有五类：居民个人自由贸易账户（FTI）、境外个人自由贸易账户（FTF）、自由贸易区内机构自由贸易账户（FTE）、境外机构自由贸易账户（FTN）、自由贸易区内同业机构自由贸易账户（FTU）。所有的自由贸易账户都是FT开头，因此，自

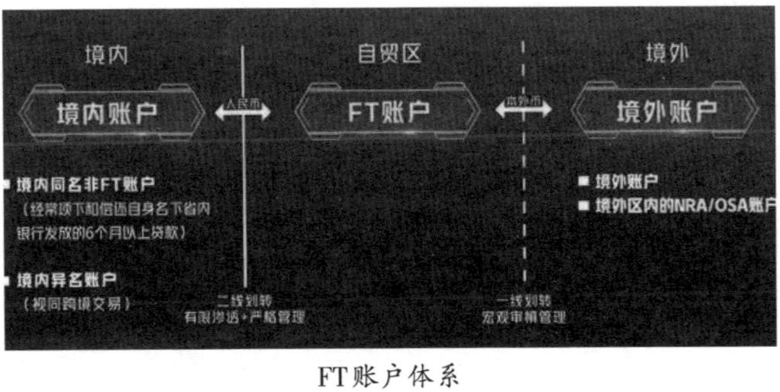

FT账户体系

由贸易账户也被称为FT账户。

FT账户遵循“一线”放开、“二线”管住的原则。整体来看，FT账户体系形成了一个类似“U形”的体系，“U形”的“敞口”就是境外，理论上来讲它与境外是完全打通的，为自由贸易试验区内企业涉足海外市场、满足实体经济所需的贸易结算和跨境投融资汇兑提供了便利；而在境内，则是有限渗透，即按照一定规则，FT账户与常规账户之间可以以人民币方式进行一定形式的穿透。

作为自由贸易区金融改革创新的核心，FT账户始终着力于促进贸易投融资便利化。FT账户通过电子围网式的管理，能够对各类性质和各类主体的跨境资金活动进行系统化实时监测，实现多维度风险跟踪和管理。在账户管理中，嵌入了宏观审慎管理功能，对分账核算单元的跨境资金流动实行总量管理。FT账户的特点使其能够作为资本项目可自由兑换先行先试的载体，创造了一个与境外资金相通、与境内金融体系相对隔离的金融环境，解决了两个市场之间跨境流动的问题，通过构建与国际金融同步的规则，加速金融市场化改革进程，对外构建金融要素市场的国际版、推进金融机构的国际化经营。

（2）海南如何构建多功能FT账户体系？

以国内现有本外币账户和自由贸易账户为基础，构建海南金融对外开放基础平台。通过金融账户隔离，建立资金电子围网，为海南自由贸易港与境外实现跨境资金自由便利流动提供基础条件。

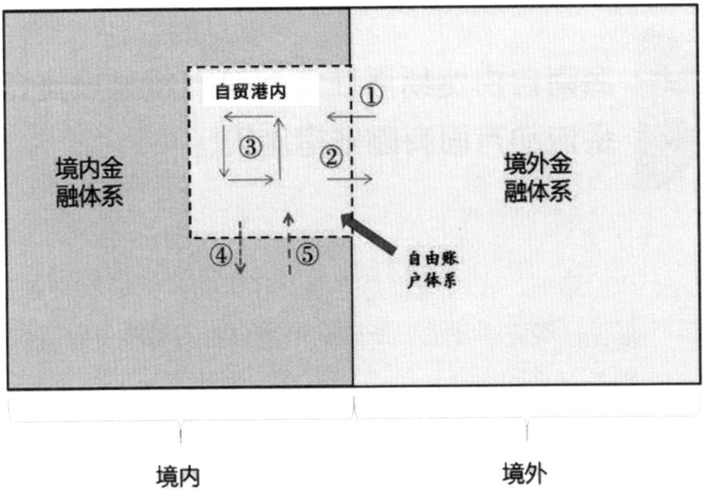

（注：图中①②③箭头为实线，表示资金自由流动，④⑤为虚线，表示有限流动，由此体现“一线”放开、“二线”管住的思路。）

042 海南自由贸易港在便利跨境贸易投资资金流动方面有哪些措施？

第一，在跨境贸易方面，我国的经常项目的资金汇兑已经完全开放，所以在海南自由贸易港货物贸易、服务贸易的资金汇兑要实现高度的便利化，商业银行所进行的真实性审核，全面从事前审查转向事后核查。同时，完善新的跨境贸易形态，比如离岸贸易、转口贸易的跨境收支的管理政策。建设便利跨国公司全球结算中心运行的政策环境。

第二，在跨境直接投资方面，全面落实外商投资准入前国民待遇加负面清单管理制度，探索适用市场需求新形态的跨境直接投资，在海南自由贸易港内试行QFLP（合格境外有限合伙人）和QDLP（合格境内有限合伙人）两项制度。

第三，在跨境融资政策方面，在海南建立新的跨境融资体制，试点合并交易环节的跨境融资政策管理框架，实施统一的宏观审慎管理政策，逐步实现市场主体自主的跨境融资。同时，随着海南自由贸易港建设的推进，探索扩大海南居民个人用汇自主权。考虑金融开放政策有很强的外溢性，需要以现有的本外币账户和自由贸易账户为基础，建立资金电子围网，构建海南金融对外开放的基础平台。

043 海南自由贸易港为什么要建设国际能源、航运、产权、股权交易场所？

海南国际能源、航运、产权、股权交易场所以全面对外开放和国际化为出发点，推动建立与“一带一路”沿线国家和地区交易场所互联互通机制；推动交易品种国际化，推动与境外交易场所实现产品互挂，并支持以人民币或者其他的多币种计价；推动参与者国际化，推动非居民发行人可以在海南自由贸易港交易场所发行交易产品；允许非居民投资者参与到交易场所的各类交易和资金结算，加快推动国际上成熟的交易所、“一带一路”沿线国家和地区的主要金融机构、跨国企业等积极参与到海南自由贸易港交易场所发展中。

044 什么是房地产投资信托基金（REITs）？海南如何发展REITs？

（1）房地产投资信托基金的定义

房地产投资信托基金是一种基金产品，是房地产证券化的重要手段，是将房地产企业所持有的不动产转化为证券的形式在证券市场上出售，助力房地产企业快速收回投资并提前将未来收益变现。REITs通过汇集众多小额资金，专业化投资于房地产，并将收益按比例分配给投资者。从国际上看，房地产投资信托基金是一种以发行收益凭证的方式汇集特定多数投资者的资金，由专门投资机构进行房地产投资经营管理，并将投资综合收益按比例分配给投资者的一种信托基金。

REITs投资者的准入门槛较低，能够从社会公众中募集到稳定的资金，同时也有利于盘活库存的商品房，促进资金流动。普通投资者可以通过购买房地产投资信托基金份额，降低参与房地产资产投资的门槛并分享收益。作为房地产资产证券化的重要方式，REITs对国际各地区房地产业的健康发展起着重要的作用。

（2）海南自由贸易港房地产投资信托基金（REITs）的项目范围

对于REITs的项目范围，2020年4月份发布的《关于推进基础设施领域不动产投资信托基金（REITs）试点相关工作的通知》（简称《通知》）作出了较为明确的规定，该《通知》把REITs称为“基础设施领域不动产投资信托基金”。从这一表述我们可以看出，REITs不是仅适用在商业房地产。《通知》明确指出REITs的范围包括交通设施、市政工程、新基建设施、污染治理项目、国家战略性新兴产业、高科技产业园区、特色产业园区等。

从《通知》的规定中我们可以看出，REITs的适用范围仅限于底层资产为基础设施的项目，而底层资产为房地产项目的REITs不在其试点范围内。结合其他方案政策以及建设海南自由贸易港更加开放的格局，综合分析《总体方案》中将REITs称为房地产投资信托基金，其底层资产范围可能会大于前期出台的《通知》范围，REITs产品底层资产类别还可能会涉及商业地产、住宅等其他项目类别，所覆盖的业态更加多元化。

（3）REITs可以给海南带来什么好处？

第一，有利于解决来海南干事创业的人才的住房问题。首期省人才租赁住房不动产投资信托基金通过盘活存量房源，可为来琼工作的人才提供1035套租赁住房，解决人才干事创业的后顾之忧。

第二，有利于推动我省房地产结构调整转型，培育发展房屋租赁市场，引导传统的商品房买卖向房屋租赁市场发展。

第三，不动产投资信托基金可以通过适时收购房地产企业存量房产，解决部分中小房地产商可能出现的流动性困难问题，有利于防止房地产金融风险向财政风险转变，确保我省经济持续健康发展。

（4）海南如何发展REITs?

在完成了第一期的REITs之后，根据省委省政府的有关部署，海南省财政厅把做大REITs规模的责任移交给了海南省地方金融监督管理局。关于REITs的下一步计划，概括起来就是出台一个工作措施、争取一个试点、推进两个探索、再发行2单REITs产品、举办首届全球REITs发展论坛。

首单REITs的成功发行，主要做法有以下四点。

一是选准团队。通过招商引资方式，引进业内知名基金公司与海南控股合资成立海南乐居不动产基金管理有限公司。该公司由深创投选派专业人员扎根海南负责REITs基金设立、运营、管理，为海南REITs发展供给专业智力资源，同时面向本地招聘人才，加大本土人才培养力度。

二是选准资产突破口。首单REITs选择海口永秀花园1035套现房作为底层基础资产，以人才租赁住房作为突破口，政策上更具可操作性。通过将人才租赁住房纳入公租房管理，免缴REITs实施过程涉及的相关税费，可有效降低资产成本，满足REITs发行上市的资产收益条件。

三是主动快捷服务，急企业之所急。发行REITs是海南省空白领域，需要在一系列特殊政策制度衔接方面进行创新突破，涉及证券监管、住建等十几个部门的沟通协调。因此，海南加大沟通协调力度，确保REITs发行过程中各个环节衔接有序，依规推进。

四是上门推销。各大银行是REITs的购买主体，海南有针对性地成立专门工作小组，上门路演宣传，对标地方专项债券，降低REITs发行成本。本次发行得到8家国有商业银行、股份制银行以及地方银行的踊跃认购，超额认购倍数2.16倍，发行利率4.5%，创同期同类产品发行成本新低。

人才租赁住房REITs产品的成功发行有利于推动海南省房地产结构调整转型，培育发展房屋租赁市场。首期省人才租赁住房REITs通过盘活存量房源，可为来琼工作的人才提供1035套租赁住房，有利于发挥人才住房作为招商引才政策工具的作用，助力“百万人才进海南”行动计划政策落地。同时，还有利于防止房地产风险向金融风险转变。

045 什么是合格境外有限合伙人（QFLP）和合格境内有限合伙人（QDLP）？海南自由贸易港的发展现状及前景如何？

（1）合格境外有限合伙人的定义

合格境外有限合伙人（Qualified Foreign Limited Partner，QFLP），即允许外国企业或个人依法参与投资设立的企业（外商投资股权投资企业），以非公开方式向境内外投资者（有限合伙人）募集资金，投资于非公开交易的境内企业股权。QFLP企业可以采用公司、有限合伙等企业组织形式。在外汇方面，QFLP按照一般外商投资企业进行管理，在资金投向方面无外汇政策障碍。

QFLP业务自2011年开始在我国试点，目前在上海、深圳等地获得了较好发展。国家外汇管理局2020年1月批复同意海南进一步便利QFLP资金汇出入管理，简化相关外汇管理手续。目前，海南正在抓紧研究完善促进QFLP聚集发展的相关措施。

海南落户了若干QFLP企业，境外投资者通过QFLP可以将境外资本兑换为人民币资金，投资国内VC（风险投资）和PE（私募股权投资）市场，有利于吸引国际资本参与海南自由贸易港建设。

(2) QDLP（合格境内有限合伙人）的定义

合格境内有限合伙人（Qualified Domestic Limited Partner，QDLP），即符合条件的投资管理机构（基金管理企业）经批准，在境内发起设立基金，面向境内投资者（合格境内有限合伙人）募集资金，并将募得资金购汇或直接以人民币形式对境外投资标的进行投资的制度安排。

QDLP基金允许合伙制，也允许契约制、公司制等其他形式。投资范围包括境外证券市场、境外大宗商品、境外证券基金份额、境外未上市企业等。

2012年以来，上海和深圳分别开展相关试点工作，经过多年发展，两地的获批额度已经分别提升至50亿美元。国家外汇管理局2020年1月批复同意海南开展QDLP试点研究，制定相关试点办法，按程序上报总局批准后实施。

简言之，合格境外有限合伙人（QFLP）是境外募集、境内投资，合格境内有限合伙人（QDLP）是境内募集、境外投资。这些政策的实施，有利于消除原有外汇管理上的障碍，简化外资进入和境外投资的程序和手续，规范外资进入和对外投资门槛；有利于与国外深度开展贸易投资合作和区域共建，促进海南自由贸易港建设进一步扩大开放。

(3) 海南QFLP/QDLP的独特优势

虽然北京、上海、深圳等地也开展了QFLP/QDLP业务，但相比而言，海南的QFLP/QDLP政策更具有独特的优势。

QFLP试点城市对比

QFLP试点城市 / 对比项	海南	上海	深圳	北京
注册资本	无限制	不低于200万美元	无明文规定	无明文规定
基金投资范围	不得从事：在禁止外商投资的领域投资、二级市场、金融衍生品、非自用不动产、向非被投企业提供贷款或担保等	股权投资、为所投资企业提供管理咨询	一级市场(包括定增、大宗、协议转让、配股等)、为所投资企业提供管理咨询	一级市场（包括定增、大宗、协议转让等）、夹层投资、私募债、不良资产、参与投资境内私募投资基金
基金初始募集规模	无限制	认缴出资应不低于1500万美元	无明文规定	单只基金规模原则上不少于一亿元人民币
境外投资人要求	无限制	在其申请前的上一会计年度，具备自有资产规模不低于五亿美元或者管理资产规模不低于十亿美元	无明文规定	境外机构：净资产不低于500万美元，单笔100万美元 境内外个人：金融净资产不低于300万元人民币且金融资产不低于500万元人民币；或近三年年均收入不低于50万元人民币，单笔投资金额不低于100万元人民币
人员要求	两名有五年以上从事股权投资或股权投资管理业务的经历、两年高级管理职务、从事与中国有关的股权投资或有中国金融机构从业经验、五年无违规的高级管理人员	两名有五年以上从事股权投资或股权投资管理业务的经历、两年高级管理职务、从事与中国有关的股权投资或有中国金融机构从业经验、五年无违规的高级管理人员	无明文规定	两名有三年以上从事股权投资或股权投资管理业务经历的高级管理人员
其他要求	允许管理人不在海南	管理人、产品双落地	管理人、产品双落地	管理人、产品双落地

便捷——登记注册简便高效。不设联审机制，企业申请设立流程较短，所需提交材料较少。各厅局或市县园区向市监部门出具推荐函，抄送海南省地方金融监督管理局后，注册登记并到中国证券投资基金业协会备案，即可设立。

限制少——准入要求全国最低。根据《海南省关于开展合格境外有限合伙人（QFLP）境内股权投资暂行办法》（简称《海南QFLP暂行办法》），QFLP企业的登记注册无最低准入门槛要求。《海南QFLP暂行办法》只要求2名高管具备符合暂行办法规定条件的从业经验，对首次出资比例、货币出资比例、出资期限等方面无限制。

范围广——满足监管条件的，可投资二级市场股票和企业债。

无差别——内外资平等待之。《海南QFLP暂行办法》对内外资QFLP管理企业的要求一致，且明确允许“内资管外资”和“外资管内资”的业务模式，灵活性较高。

优惠多——配套支持政策力度更大。《海南QFLP暂行办法》从个人所得税、配套优惠措施和园区落地奖励等方面明确了优惠政策，同时海南省地方金融监督管理局积极推动QFLP业务纳入海南自由贸易港鼓励类产业目录和鼓励外商投资产业目录，QFLP企业将享受更多的税收优惠。

QDLP试点城市对比

QDLP试点城市 / 对比项	海南	上海	深圳	北京
政策公开	公开	非公开	公开	非公开
注册资本	不低于500万元人民币	不低于200万美元	不低于200万美元	不低于3000万元人民币
基金投资范围	境外一或二级市场、股权或证券投资基金、大宗商品、衍生品等	直接投资于境外市场或通过境外基金投资境外市场	境外非上市企业股权和债权、境外上市企业非公开发行的股票和债券、股权或证券投资基金	境外一或二级市场、股权或证券投资基金、大宗商品、衍生品等
基金初始募集规模	3000万元人民币	不低于1亿元人民币	无明文要求	不低于1亿元人民币
额度要求	获批额度可以在试点基金间灵活调配，12个月内使用	6个月内完成海外投资基金募集和设立工作	应当在获批之日起12个月内使用，逾期未使用之额度失效	2年内未使用额度或使用率较低
人员要求	一名五年以上以及二名三年以上境外投资管理经验和相关专业资质的主要投资管理人员	至少两名高级管理人员为常驻人员	无明文要求	需要有至少三名具有一定年限的境外资产管理经验和相关资质的主要投资人员
其他要求	打造示范效应	外资出资（WOFE PFM）	证券公司、基金公司、基金子公司、私募基金管理人	无

门槛低——《海南省开展合格境内有限合伙人（QDLP）境外投资试点工作暂行办法》（简称《海南QDLP暂行办法》）中要求试点基金管理企业的注册资本不低于人民币500万元或等值外币，其控股股东、实际控制人或执行事务合伙人中任一主体或上述任一主体的关联实体最近1年内未受所在地监管机构的重大处罚，门槛较低。

投向广——《海南QDLP暂行办法》中规定试点基金境外投资范围包括境外非上市企业的股权和债券、境外上市企业非公开发行和交易的股票和债券、境外证券市场（包括境外证券市场交易的金融工具等）、境外股权投资基金和证券投资基金、境外大宗商品和金融衍生品等，投资范围较广。

无限制——《海南QDLP暂行办法》提出，在未超过海南省QDLP总额度的前提下，单家试点基金管理企业的额度申请和单个项目的投资额度无限制，试点相关单位将根据项目实际需要确定批复的试点额度。

更灵活——《海南QDLP暂行办法》规定，QDLP试点企业对外投资额度实行余额管理，且试点基金管理企业可发起成立多只试点基金，可在其设立的各基金之间灵活调剂单只试点基金对外投资额度，各单只试点基金对外投资额度之和不得超过经试点相关单位批准的试点基金管理企业对外投资额度。

（4）QFLP和QDLP在海南自由贸易港的发展现状及前景如何？

①QFLP开展现状

2020年8月31日，海南交银国际科创盛兴股权投资合伙企业（有限合伙）在海南完成企业注册，正式落户海口江东新区，这是海南自由贸易港首支QFLP基金；同年12月16日，海南西拓交盈股权投资合伙企业（有限合伙）完成设立登记并取得营业执照，标志着首支由重点园区出具推荐函的QFLP基金正式落户海南；2021年7月19日，注册资本金64.657亿元的海南千晟私募股权投资基金合伙企业（有限合伙）完成注册登记。

随着利好政策的出台，海南和谐恒兴私募股权投资基金管理有限公司、凯龙（海南）私募股权投资基金合伙企业（有限合伙）、海南新创致兴私募股权投资基金合伙企业（有限合伙）等企业也纷纷落户。目前，已有几十家QFLP基金类企业在海南正式落户。

2020年10月《海南省关于开展合格境外有限合伙人（QFLP）境内股权投资暂行办法》出台，有力促进了跨境投资自由便利，海南自由贸易港跨境资金流入大幅增长。截至2021年底，海南自由贸易港已落地QFLP基金45支，注册资本共计51.13亿美元；QFLP基金管理企业15家，注册资本共计4.4亿美元。

②QDLP开展现状

2020年10月10日，海南发布《海南省开展合格境内有限合伙人（QDLP）境外投资试点工作暂行办法》，此后试点发展迅速，2021年08月06日发布了第一批QDLP试点企业名单，合计24家企业（14家股权投资类试点企业，10家非股权投资类试点企业），其中，不乏KKR集团、交银国际、平安集团等业内知名的金融机构。2021年11月19日公布第二批13家试点企业，其中，股权投资类试点企业7家，非股权投资类试点企业6家。

③QFLP未来发展趋势

我国的各类区域经济战略对QFLP多有提及，从全国各地区的QFLP试点政策来看，流程日趋简化、门槛逐步降低、投资范围逐步扩容、退出路径日趋灵活等已成为各地区试点政策的基本方向。

从海南QFLP政策方面来看，合伙制QFLP企业相较于一般的外商投资企业仍然具有一定优势（如一般外商投资企业需要有利润才能进行分红、退出流程较为复杂、投资范围较窄、资金汇出渠道不畅等），双十五的税收优惠、投资自由便利、跨境资金流动等系列政策，也让海南自由贸易港QFLP基金的发展进入了快车道。在资本账户不断开放的背景下，海南及全国QFLP政策约束的进一步放宽也将是大的方向与趋势。

④QDLP未来发展趋势

在各类跨境投资工具中，QDLP虽然目前规模并不大，总额度不到QDII的40%，与港股通比更不具可比性，但是，从投向上看目前却是最为灵活的投资工具，能够较好地满足高净值客户的跨境投资需求。QDLP试点发展之初，其市场定位更多的是作为QDII的补充，但QDII仅限于证券投资，QDLP的境外投资几乎不受限，覆盖一级市场、二级市场、期货、股票和大宗商品市场等。此外，QDLP由于采取了私募方式，业务可以直接对境外资管机构开放，开放度更高，能够引入国外管理能力与业绩俱佳的资管机构，对于境外投资与境外资产，其投资能力无疑更具优势。

因此，QDLP或将成为高净值客户跨境投资的最主要工具，这取决于QDLP的三个特点，对外资机构开放、对境外产品开放、对境外资产开放，意味着它可以引进境外优质资管机构，可以以联接基金方式投资境外基金等产品，也可以直接投资各类大类资产，国内高净值客户可以与国外投资者投资同一管理人、同样的产品、同样的资产。

目前其他跨境投资工具仅能达到上述三个条件中的一个。QDII投向限于证券市场，对标国内市场的公募基金，虽可投资境外证券市场，却无法引入境外基金管理人，受限于国内公募基金管理人的境外投资能力。港股通仅限于港交所上市的部分标的，且标的股票背后多为中资企业。跨境理财通实质上是跨境代销理财产品，其核心问题是无法建立基金管理机构对国内客户的直接服务体系，所以仅限于低风险的公募与存款产品。

QDLP基金发展目前面临的问题，除了试点地区、试点额度的限制之外，最核心的还在于试点机构的跨境资产管理能力与投资业绩。目前来看境外机构境内募资机制尚不成熟，仍在尝试阶段，而部分境内机构募资能力虽强，但境外投资能力尚有待验证，一定程度上造成了境内机构在投资端出不去，境外机构在募集端进不来的局面，但这一市场会很快走向成熟。真正决定QDLP试点政策推进节奏的因素，或说决定QDLP未来发展速度的核心因素，将是国内居民的跨境投资需求。

046 2025年以前海南自由贸易港如何实施免签入境措施？2035年以前如何实现人员自由便利流动？

2025年前，将外国人免签入境渠道由旅行社邀请接待扩展为外国人自行申报或通过单位邀请接待免签入境。放宽外国人申请免签入境事由限制，允许外国人以商贸、访问、探亲、就医、会展、体育竞技等事由申请免签入境海南。实施外国旅游团乘坐邮轮入境15天免签政策。

2035年前，将实现人员进出自由便利，进一步放宽人员自由进出限制，实行更加宽松的商务人员临时出入境政策、便利的工作签证政策，进一步完善居留制度；对一个纳税年度内在海南自由贸易港累计居住满183天的个人，其取得来源于海南自由贸易港范围内的综合所得和经营所得，按照3%、10%、15%三档超额累进税率征收个人所得税。

047 海南自由贸易港的人才分类管理机制如何？

根据《海南自由贸易港高层次人才认定办法》，海南自由贸易港高层次人才分为A、B、C、D、E五个类别。《海南自由贸易港高层次人才分类标准（2020）》坚持德才兼备原则，以薪酬水平为主要指标，以市场认可、专业共同体认可和社会认可（简称专业和社会认可）为基本依据提出了五类人才认定标准，与依据原标准认定的大师级人才、杰出人才、领军人才、拔尖人才、其他类高层次人才分别对应，可以获得相应优惠政策支持和服务保障待遇。

（1）认定标准

一是市场认可标准。在市场竞争比较充分的领域，以反映薪酬水平的纳税额作为主要指标，分别明确认定为各类别人才需要达到的个人所得税、企业纳税总额标准。

二是专业和社会认可标准。在薪酬水平不足以完全反映人才层次的领域，设定有针对性的分类评价标准。以专业和社会认可的任职经历、工作业绩、荣誉称号等作为重要指标，分别明确热带农业、旅游业等15个海南自由贸易港重点行业领域各类别人才标准。

（2）认定权限

一是将E类人才认定权下放给具备条件的中央驻琼企事业单位、总部经济企业、省重点园区、省属事业单位、省属重点企业、法定机构、市县认定并发证；二是将D类人才认定权下放给具备条件的省重点园区、市县认定并发证；三是将A、B、C类人才认定权一并下放，省人才服务中心只负责备案和发证。

（3）认定管理

高层次人才认定周期为5年，5年后应当在到期前3个月内重新认定；超过本办法第七条规定认定年龄且已在琼全职工作15年以上的高层次人才，不需再作认定，经年度核查后，可以按照最后一次认定的人才类别，凭相应的《海南自由贸易港高层次人才证书》，继续享受相关服务保障待遇；将“银发精英”汇聚计划所引进的退休返聘人才纳入认定范围，鼓励教育、医疗领域以退休返聘形式集聚A、B、C类人才。

（4）分类标准亮点

一是打造全领域人才评价新标准。突出全领域人才评价，将海南自由贸易港发展所需的三大产业类型、十个重点领域、十二个重点产业人才都纳入评价范围；突出各类型人才评价，将专业技术人才、管理人才、技能人才、农村实用人才、社会工作人才都纳入评价范围；突出国内外人才统一评价，将国外“高精尖缺”人才与国内人才都纳进来，将人才标准覆盖各个领域、各个类别、各个层次，打造适合海南自由贸易港建设需要的高层次人才评价新标准。

二是坚决破除唯“帽子”倾向。不把“帽子”作为各领域人才评价的普遍要求，对反映人才为某领域事业发展作出重要贡献、取得重大成就的奖项进行保留，对引育性人才项目不再保留，让人才称号回归学术性、荣誉性本质。

三是分类精准评价所需各类人才。在市场竞争比较充分的领域，尽可能采取薪酬税收标准评价人才，根据纳税情况对各类人才进行分类；在教育科研、医疗健康、社科文化等薪酬水平不足以完全反映人才层次的领域，设定有针对性的分类评价标准。

四是注重衔接国内外人才评价标准。立足自由贸易港建设需要，对标国际规则，聚焦国际人才，积极对接国家外国专家局《外国人来华工作分类标准（试行）》和海南省外籍“高精尖缺”人才认定标准，把国际上所认可的人才评价指标尽可能纳入。

五是包容审慎对待新经济形态。坚持与时俱进、实事求是、不拘一格的原则，通过补充设定新标准，把自由贸易港建设需要的各类新业态人才（如电竞奖项获得者、网红主播、知名网络作家等）尽可能纳进来。

048 在补齐人才这项短板方面海南做了哪些工作？取得了什么成效？未来努力方向如何？

2018年以来，海南积极实施“百万人才进海南”行动计划，广揽天下英才，并制定出台涉及人才引进、培养、落户、安居、购房、购车、子女入学、配偶就业、医疗保障等方面的服务保障政策，为各类人才来海南创新创业解除后顾之忧。

（1）人才落户

具有全日制大专以上学历、中级以上专业技术职称、技师以上职业资格或执业资格的人才，可在海南省工作地或实际居住地落户。各类高层次人才、硕士毕业生、“双一流”高校和海外留学归国本科毕业生，以及拥有重大科研成果的创新人才、产品符合重点产业支持方向的创业人才可在海南省任一城镇（三沙市除外）落户。

（2）评价机制

将高层次人才分为A、B、C、D、E五个类别，以市场认可的薪酬税收水平为通用标准，以专业共同体认可和社会认可的任职经历、工作业绩、荣誉称号等条件为行业标准，对人才进行精准分类评价。

（3）税收政策

对在海南自由贸易港工作的高端人才和紧缺人才，其个人所得税实际税负超过15%的部分，予以免征。

（4）医疗保障

对全职在海南工作的高层次人才，分别按照每人每年3000—10000元的标准统一购买商业健康团体保险，用于保障基本医疗保险之外的医疗需求。

（5）项目支持

实施“千人专项”引才计划、“南海系列”育才计划、“双百”人才团队建设工程等人才工程项目，其中对评选认定为 “海南省优秀人才团队”的，给予1000万—3000万元建设资助。

（6）子女入学

全职引进的A类（大师级）人才、B类（杰出）人才申请以“一事一议”方式解决直系亲属入学（园）需求的，C类（领军）人才、 D类（拔尖）人才和E类（其他类）高层次人才申请子女转学到省教育厅直属学校的，由省教育厅负责办理。高层次人才子女申请就读中小学的，可向居住地市县教育行政部门提出申请，按照当地中小学招生政策保障。

（7）就业安置

海南对引进高层次人才配偶就业安置实行分级管理，坚持市场配置为主，调配安置为辅的原则。其中，高层次人才配偶为公务员或者参照公务员法管理的事业单位人员，需调配安置的，由同级公务员管理部门相关单位在现有空编内妥善安置。

（8）购车政策

海南明确人才购车的相关规定，只要符合相关条件即可享受相应的购车政策。其中，A、B、C、D类人才可直接取得小客车其他指标。

（9）购房政策

海南已陆续出台了落户人才、高层次人才、总部企业人才、机关事业单位人才等购房政策。海口市规定，新落户的人才提供累计12个月的社保或个税缴纳记录，可在海口市购买第1套住房，在第1套住房备案满36个月后，可购买第2套住房；未落户的人才，须提供累计24个月的社保或个税缴纳记录，便可以在海口市购买1套住房。

（10）支持创业

在海口创业的高校毕业生，毕业后初次创办企业或从事个体经营，所创企业或个体工商户自注册登记之日起正常运营1年以上且缴纳社会保险费的，可向市创业小额贷款担保中心申请一次性创业补贴，补贴标准为每个法人1万元。此外，还可申请个人最高30万元、小微企业最高300万元的创业担保贷款，并由财政给予部分贴息。

049 西部陆海新通道是什么？空间布局？发展目标？有何战略意义？

（1）西部陆海新通道定义

西部陆海新通道位于我国西部地区腹地，北接丝绸之路经济带，南连21世纪海上丝绸之路，协同衔接长江经济带，在区域协调发展格局中具有重要战略地位。

2019年8月，国家发展改革委印发的《西部陆海新通道总体规划》提出，建设自重庆经贵阳、南宁至北部湾出海口（北部湾港、洋浦港），自重庆经怀化、柳州至北部湾出海口，以及自成都经泸州（宜宾）、百色至北部湾出海口三条通路，共同形成西部陆海新通道的主通道。

（2）空间布局

统筹区域基础条件和未来发展需要，优化主通道布局，创新物流组织模式，强化区域中心城市和物流节点城市的枢纽辐射作用，发挥铁路在陆路运输中的骨干作用和港口在海上运输中的门户作用，促进形成通道引领、枢纽支撑、衔接高效、辐射带动的发展格局。

——主通道。建设自重庆经贵阳、南宁至北部湾出海口（北部湾港、洋浦港），自重庆经怀化、柳州至北部湾出海口，以及自成都经泸州（宜宾）、百色至北部湾出海口三条通路，共同形成西部陆海新通道的主通道。

——重要枢纽。着力打造国际性综合交通枢纽，充分发挥重庆位于“一带一路”和长江经济带交汇点的区位优势，建设通道物流和运营组织中心；发挥成都国家重要商贸物流中心作用，增强对通道发展的引领带动作用。建设广西北部湾国际门户港，发挥海南洋浦的区域国际集装箱枢纽港作用，提升通道出海口功能。

——核心覆盖区。围绕主通道完善西南地区综合交通运输网络，密切贵阳、南宁、昆明、遵义、柳州等西南地区重要节点城市和物流枢纽与主通道的联系，依托内陆开放型经济试验区、国家级新区、自由贸易试验区和重要口岸等，创新通道运行组织模式，提高通道整体效率和效益，有力支撑西南地区经济社会高质量发展。

——辐射延展带。强化主通道与西北地区综合运输通道的衔接，联通兰州、西宁、乌鲁木齐、西安、银川等西北重要城市。结合西北地区禀赋和特点，充分发挥铁路长距离运输优势，协调优化运输组织，加强西部陆海新通道与丝绸之路经济带的衔接，提升通道对西北地区的辐射联动作用，有力促进西部地区开发开放。

同时，注重发挥西南地区传统出海口湛江港的作用，加强通道与长江经济带的衔接。

（3）发展目标

2020 年，一批重大铁路、物流枢纽等项目开工建设，重庆内陆国际物流分拨中心初步建成，广西北部湾港和海南洋浦港资源整合初见成效，铁海联运和多式联运“最后一公里”基本打通，通关效率大幅提高，通道物流组织水平显著提升，陆海新通道对西部大开发的支撑作用开始显现。铁海联运集装箱运量达到10万标箱，广西北部湾港、海南洋浦港集装箱吞吐量分别达到500万、100万标箱。

到2025年，经济、高效、便捷、绿色、安全的西部陆海新通道基本建成。一批重大铁路项目建成投产，主要公路瓶颈路段全面打通，形成以铁路为骨干、高等级公路为补充的陆路交通通道；具有国际影响力的北部湾深水港基本建成，广西北部湾国际门户港、海南洋浦的区域国际集装箱枢纽港地位初步确立，实现与广东湛江港协同发展；西部地区物流枢纽分工更加明确、设施更加完善，重庆内陆口岸高地基本建成，通关便利化水平和物流效率大幅提升，更好引领区域协调发展和对外开放新格局。铁海联运集装箱运量达到50万标箱，广西北部湾港、海南洋浦港集装箱吞吐量分别达到1000万、500万标箱。

到2035年，西部陆海新通道全面建成，通道运输能力更强、枢纽布局更合理、多式联运更便捷，物流服务和通关效率达到国际一流水平，物流成本大幅下降，整体发展质量显著提升，为建设现代化经济体系提供有力支撑。

050 什么是船籍港？“中国洋浦港”主要有哪些便利政策？

（1）船籍港定义

船籍港（port of registry），也称“船舶登记港”“登记港”，即船舶所有人办理船舶所有权登记的港口。船籍港的名称应在船舶国籍证书、船舶登记证书内载明，并在船尾明显标出。其特点是每艘渔业船舶只能有一个船籍港，船籍港可以由船舶所有人依居住地或经营地就近选择。2020年6月12日上午，“中远海运兴旺”轮在大连交付，该轮是第一艘注册登记“中国洋浦港”船籍的船舶。

（2）“中国洋浦港”享有的便利政策

对在“中国洋浦港”登记，并从事国际运输的境内建造船舶，给予出口退税；以洋浦港为中转港，从事内外贸同船运输的境内船舶，允许加注保税油；建设“中国洋浦港”国际船籍港；经洋浦港中转离境的货物，试行启运港退税政策；在洋浦保税港区等具备条件的海关特殊监管区域率先实行“一线”放开、“二线”管住的进出口管理制度；构建多功能自由贸易账户体系；跨境贸易和新型国际贸易银行真实性审核，从事前审查转为事后核查；取消船舶和飞机境外融资限制；建设国际能源、航运、产权、股权等交易场所；建设西部陆海新通道国际航运枢纽。

051 什么是保税油？什么是启运港退税？海南自由贸易港如何建立自由开放的航运制度？

（1）保税油的定义

保税油是国家按照国际通行惯例，为国际航行的船舶提供免税油品供应。保税油经营企业可直接从国际加注燃油，所加注的燃油费用免征关税（进口环节）、消费税、增值税。《总体方案》规定，在海南自由贸易港全岛封关运作前，对以洋浦港作为中转港从事内外贸同船运输的境内船舶，允许其加注本航次所需的保税油；对其加注本航次所需的本地生产燃料油，实行出口退税政策。海南省本地燃料油生产企业凭燃料油出口货物报关单（备注栏注明“用于内外贸同船运输境内船舶加注”字样）等有关材料，向税务部门申报出口退（免）税。上述保税油和适用出口退税政策的本地生产燃料油统称为“不含税油”。本条规定的境内船舶加注的本航次所需不含税油，免征关税、增值税和消费税。

（2）启运港退税的定义

①定义

一般情况下，出口企业需将货物运到出口离境港口并办理结关手续后才能向税务部门申请退税。启运港退税政策是出口退税程序的一项创新改革措施，对符合条件的货物自启运港运出即视同出口，企业可向税务部门申请办理退税手续。实行启运港退税政策，有利于出口企业提前办理退税业务，提高资金周转效率。

②政策适用范围

一是启运港。启运港为营口市营口港、大连市大连港、锦州市锦州港、秦皇岛市秦皇岛港、天津市天津港、烟台市烟台港、青岛市青岛港、日照市日照港、苏州市太仓港、连云港市连云港港、南通市南通港、泉州市泉州港、广州市南沙港、湛江市湛江港、钦州市钦州港。

二是离境港。离境港为海南省洋浦港区。

三是经停港。上述启运港均可作为经停港。承运适用启运港退税政策货物的船舶，可在经停港加装、卸载货物。从经停港加装的货物，需为已报关出口、经由上述离境港离境的集装箱货物。

四是运输企业及运输工具。运输企业为在海关的信用等级为一般信用企业或认证企业，并且纳税信用级别为B级及以上的航运企业。运输工具为配备导航定位、全程视频监控设备并且符合海关对承运海关监管货物运输工具要求的船舶。税务总局定期向海关总署传送纳税信用等级为B级及以上的企业名单。企业纳税信用等级发生变化的，定期传送变化企业名单。海关根据上述纳税信用等级等信息确认符合条件的运输企业和运输工具。

五是出口企业。出口企业的出口退（免）税分类管理类别为一类或二类，并且在海关的信用等级为一般认证及以上企业。海关总署定期向税务总局传送一般认证及以上企业名单。企业信用等级发生变化的，定期传送变化企业名单。税务总局根据上述名单等信息确认符合条件的出口企业。

六是危险品不适用启运港退税政策。

(3) 海南自由贸易港如何建立自由开放的航运制度？

一是积极推进琼州海峡港航一体化发展。交通运输部将大力支持海南引入大型港口、航运企业等战略投资者，推进实施港口一体化运营管理，并积极支持按照政府引导、市场化原则开展琼州海峡南北两岸港航资源整合；指导广东、海南省合理布局并加快推进琼州海峡客滚运输防台风锚地、待泊锚地建设，推进完善港口相关设施。

二是创新邮轮游艇管理政策，推动海南邮轮游艇产业发展。交通运输部将积极指导海南省加快三亚邮轮母港的建设，鼓励海南出台优惠政策促进邮轮要素集聚，吸引邮轮产业相关企业在三亚注册。鼓励邮轮企业以东南亚、港澳台等航线为重点，开发运营涉及三亚、海口邮轮港的邮轮航线产品；支持符合条件的邮轮企业开展海南邮轮海上游试点。

三是推动航运相关财税政策尽快落地。《总体方案》明确了一批支持航运领域发展的财税政策，这些财税政策将有助于吸引航运领域服务企业到海南集聚发展。目前，国家相关部门正在抓紧研究制定这些财税政策的具体实施办法，交通运输行业将主动对接，最大限度地争取用足用好这些有利于海南港航业发展的政策，推动政策尽快落地实施。

四是推进海南国际航运枢纽建设。交通运输部将加强指导海南建设航运交易所，借鉴上海、大连航交所等的经验，重点发展船舶买卖和租赁交易、邮轮游艇交易；支持指导海南创新发展现代航运服务业，在航运金融和航运保险、海事仲裁、信息咨询等方面走出一条特色之路；支持做优做强洋浦港，吸引更多货物到洋浦港中转，服务构建以国内大循环为主体、国内国际双循环相互促进的新发展格局。

五是促进内地与海南自由贸易港间运输、通关便利化。根据海关总署制定出台的海南自由贸易港运输工具管理办法，积极推动合理布局口岸并配备相应的查验能力；支持并指导海南省交通主管部门加快推进海口新海港综合客运枢纽、琼州海峡危险品车辆滚装运输通道、新海港航道拓宽工程等项目建设，提升通过能力和服务水平。

六是创新港口、航运管理体制机制。会同有关部门和地方，针对海南自由贸易港“一线”放开、“二线”管住的监管制度安排，研究建立适应海南自由贸易港发展的航运管理制度；支持海南利用自由贸易港政策开展集装箱拆拼箱业务，促进要素资源集聚，服务临港产业升级，推动港产城深度融合发展。

七是继续深化“放管服”改革。2020年交通运输部已将在海南自由贸易港注册企业经营国际客船、国际散装液体危险品运输业务的审批权下放到海南。海南省已经制定具体管理办法并展开实施；同时继续支持海南省开展自由贸易港内水路运输经营许可制度创新，利用信息技术、社会信用体系等手段强化事中事后监管，提高治理体系和治理能力现代化水平。

052 海南自由贸易港如何推进琼州海峡港航一体化？效果如何？

（1）如何推进琼州海峡港航一体化？

琼州海峡地处广东省雷州半岛与海南省之间，是中国三大海峡之一。海峡东西长约80千米，南北最大宽度39.5千米。琼州海峡是广东海区与北部湾海上交通的重要通道，沟通北部湾和南海中、东部的海上走廊，也是广州、湛江至海南、广西以及越南的海上交通捷径。加快推进琼州海峡港航一体化，要构建更加安全高效、便捷经济的琼州海峡运输大通道。设立便捷、高效的船舶登记程序，推动建设“中国洋浦港”国际船籍港。创新邮轮游艇管理，支持三亚建设国际邮轮母港，推动琼港澳游艇自由行。开放客运和货运第七航权，推动博鳌机场升级为国际口岸。

2021年底印发的《海南自由贸易港口岸建设“十四五”规划（2021—2025）》（简称《规划》）对海南省口岸设施建设进行阶段性谋划。《规划》在准确把握海南口岸建设现状的基础上，明确至2025年的目标任务。明确要求海南“十四五”期间全力推动水运、航空口岸及跨境电商物流和邮件快件监管中心等设施、设备建设，使其具备承担相应的对外开放口岸、“二线口岸”功能，具备封关运作条件，为海南自由贸易港建设打下坚实基础。

（2）推进琼州海峡港航一体化的效果如何？

在水运口岸建设规划中，洋浦港被定位为现代化综合性港口，将大力发展石油化工、煤炭等大宗货物运输，重点发展集装箱运输。洋浦港将发展成为集集装箱中转运输，大宗能源、原材料和产成品储运，交易服务于一体并具有保税、加工、商贸、旅游等多种功能，绿色智慧的现代化综合性港口。预计到2025年，洋浦港货物吞吐量将达到13000万吨，集装箱吞吐量将达到500万标箱。2025年外贸货物吞吐量预计约7150万吨（占总吞吐量的55%），内贸货物约5850万吨（占总吞吐量的45%）；按内贸货物进、出岛各占一半计算，离岛至内地货物吞吐量预计约2925万吨。

同时，《规划》将海口港口岸定位为以陆岛客货滚装等运输为主，2025年海口港将发展成为以陆岛客货滚装、邮轮旅游客运、集装箱和散杂货运输为主，兼顾新式跨海客运、石油化工品运输、南海油气勘探生产服务、救援应急保障功能的综合性枢纽港。秀英港区保留部分客运功能，着力发展邮轮旅游和港航服务产业，兼顾支持保障系统基地功能。到2025年，三亚港区将重点打造国际邮轮母港、游艇示范基地和深海科考船舶基地，兼顾为大三亚旅游经济圈经济社会发展和机场航空用油等提供运输服务，以旅游客运和深海科考船基地为鲜明特色的港口。八所港口岸将成为工业港和公用商港并重的港口，到2025年主要为腹地铁矿开采和水泥工业、临港产业和南海油气资源开发及上岸加工提供铁矿石、水泥、煤炭等能源、原材料和产成品运输服务，兼顾边贸商品运输以及海南与东南亚间的滚装运输。

另外，航空口岸建设规划分别对海口美兰机场口岸、三亚凤凰机场口岸和琼海博鳌机场口岸作出重要布局。其中，将海口美兰机场口岸打造成面向太平洋、印度洋的国际航空枢纽，到2025年，海口美兰机场将利用试点开放第七航权的政策优势，打造面向太平洋、印度洋的国际航空枢纽。预计到2025年，海口美兰机场进出境旅客将达到367万人次，进出口货物将达到4万吨；离岛至内地旅客将达到1800万人次，离岛至内地货物将达到18.5万吨。三亚凤凰机场口岸将利用政策优势打造国际门户机场，利用开放第七航权的政策优势打造国际门户机场。预计到2025年，三亚凤凰机场进出境旅客将达到361.15万人次，进出口货物将达到1.57万吨；离岛到内地旅客将达到1023万人次，离岛到内地货物将达到15万吨。琼海博鳌机场口岸将打造成为海南东部航空枢纽中心，致力于以保障博鳌亚洲论坛为基础职责，建设琼海及周边目的地旅游市场；同时，打造成为海南东部航空枢纽中心。

053 什么是第七航权？开放第七航权有何意义？海南自由贸易港如何实施开放的航空运输政策？

（1）第七航权的定义

第七航权被称为完全第三国运输权，指某国或地区的航空公司完全在其本国或地区领域以外经营独立的航线，在境外两国或地区间载运客货的权利。例如，巴黎—新加坡航线由（德国）汉莎航空公司承运，就是法国、新加坡两国给予汉莎航司第七航权。一旦海南开放第七航权，境外航企可以开通由海南出发，往返第三国（地区）的航班，且不用返回本国。

（2）开放第七航权的意义

第一，发挥海南地理区位优势。海南地理位置独特，交通主要靠飞机，开放第七航权可以提升海南交通的网络化和通达性，让海南更好发挥背靠粤港澳大湾区，面向太平洋、印度洋的区位优势。

第二，提升航空产业发展水平。第七航权的开放将促使更多航空公司在海南建立运营基地和航空货运转运中心，同时吸引国内航空公司在海南的进一步投资。

第三，发挥政策集成效应。通过与海南自由贸易港投资、税务、贸易、出入境等各方面优惠措施和制度创新政策的叠加，促进资金和人员自由流动，为民航和地区政策的协同在全国提供改革方案，梳理制度样板。

第四，实现自由贸易港建设目标。航空运输对地区经济发展具有重要的战略先导作用，通过航权开放的政策先行，推动海南经济转型升级与产业结构调整，有效促进海南的旅游、贸易、服务和其他产业高速发展。

第五，第七航权放开后，将吸引一批本就在海南有所经营的外航增开新航线，甚至在海南建立运营基地，在海南本土航空市场“分一杯羹”。长远来看，第七航权政策将有利于增加海南出入境市场航空运力投放，促进海南岛航空运输网络进一步完善和拓展，帮助海南增加旅客来源，拓展海南航空市场，加快海南岛航空枢纽建设，提升海南民航及旅游市场的活力。与此同时，通过适当引入竞争，有利于国内航空公司提高经营管理水平，开发更加多元化的服务产品，增强其国际竞争力。

第六，通过促进竞争效应、航线网络效应、要素集聚效应等进行传导，对当地经济发展产生连锁反应，助力高质量发展。更完善的网络，推动门户枢纽建设；更开放的航权，意味着利益更大化的航线网络，第七航权的使用，有利于进一步加强航空枢纽之间的空中联系，促使枢纽航线网络的形成，建设区域门户枢纽，助力海南打造成我国面向太平洋和印度洋的重要对外开放门户。

第七，更聚集的要素，释放经济发展新动能。海南自由贸易港建设依托海南独特的生态优势，对标世界最高水平开放形态，以旅游业、现代服务业、高新技术产业为主导。从广度上不限于货物自由，还包括投资、贸易、资金、运输、人员等全生产要素自由流动；从深度上，不限于便利化，而是全方位高水平开放。第七航权的开放，将为海南提供极为便利且直达的货物、旅客运输方式，改变海南原先的客流、物流模式，减少客流、物流的阻碍，加速客流、物流的动量，大大提高海南岛地区的综合竞争能力，进一步推动旅游产业、其他现代服务业以及高新技术产业的发展。

（3）海南自由贸易港如何实施开放的航空运输政策？

在对等基础上，推动双边航空运输协定实现对双方承运人开放往返海南的第三、第四航权，并根据我国整体航空运输政策，扩大包括第五航权在内的海南自由贸易港建设所必需的航权安排。支持在海南试点开放第七航权，允许相关国家和地区航空公司承载经海南至第三国（地区）的客货业务。实施航空国际中转旅客及其行李通程联运。对位于海南的主基地航空公司开拓国际航线给予支持。允许海南进出岛航班加注保税航油。与以往航权开放相比较，在海南自由贸易港试点开放第七航权是我国在航权方面的最高水平开放。

第一，客、货全面开放。这是我国民航首次同时试点开放客运和货运第七航权，此前仅对个别国家在个别城市开放货运第七航权，本次是超出我国现有双边航权安排的最高水平开放，也是世界范围内自由贸易港航权开放的最高水平，新加坡、迪拜等自由贸易港主要开放货运第七航权。本次试点符合中央对海南对标世界最高水平开放形态，高标准建设自由贸易港的要求和战略定位，体现了民航对海南自由贸易港建设在航权方面的最大支持力度。

第二，单向自主开放。一般来说，航权通过两国间双边航空运输协定按照对等原则做出安排。从近年来航权政策发展实践看，有些国家通过“天空开放”协议，与他国实现较高程度的航权开放，如美国、澳大利亚；有些通过诸边方式实现区域内单一航空市场，如欧盟、东盟国家。这些航权开放都是对等互相开放。本次在海南试点开放第七航权是我国对外单向自主开放，不以其他国家向我方对等开放第七航权为前提，也不需要通过双边航空运输协定单独做出安排。

第三，开放政策叠加。本次在海南试点开放了客货运第七航权，并对此前已做开放试点的第三、四、五航权中途分程权做了细化规定和落地落实，结合此前已在海南开放的第三、四、五航权，形成了多项航权开放政策的叠加。航空公司可以通过航线航班的排列组合，建立更加便利、通达的航空运输网络。

第四，开放政策的试验田。本次试点开放第七航权，是在航权政策方面对标当今世界最高开放水平的一次试验，也是首次在一省范围内，对航权开放政策与海关、边检、签证、口岸等政策相互作用、开放联动的试验，通过在海南的制度创新和压力测试，为航空运输政策与地区发展政策之间的配套衔接积累经验。

航权简介

航权	内容	示例	图解
第一航权：领空飞越权	在不着陆的情况下，本国航机可以在协议国领空上飞过，前往其他国家目的地。	北京—旧金山，中途飞越日本领空，那就要和日本签订领空飞越权，获取第一航权，否则只能绕道飞行，增加燃料消耗和飞行时间。	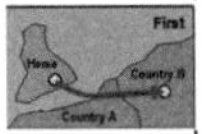
第二航权：技术经停权	本国航机可以因技术需要（如添加燃料、飞机故障或气象原因备降）在协议国降落、经停，但不得做任何业务性工作，如上下客、货、邮。	北京—纽约，如果由于某飞机机型的原因，不能直接飞抵，中间需要在日本降落并加油，但不允许在该机场上下旅客和货物。此时就要和日本签订技术经停权。	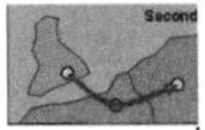
第三航权：目的地下客权	本国航机可以在协议国境内卸下乘客、邮件或货物。	北京—东京，如获得第三航权，中国民航飞机承运的旅客、货物可在东京进港，但只能空机返回。	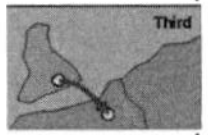
第四航权：目的地上客权	本国航机可以在协议国境内载运乘客，邮件或货物返回。	北京—东京，如获得第四航权，中国民航飞机能载运旅客、邮件或货物搭乘原机返回北京。	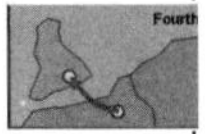
第五航权：中间点权或延远	承运人前往获得准许的国家，并将从第三国载运的客货卸到该国，或者从该国载运客货前往第三国。	新加坡—厦门—芝加哥，新加坡航空获得第五航权，可以在新加坡—芝加哥航线上在厦门经停，上下客货。	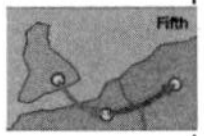
第六航权：桥梁权	某国或地区的航空公司在境外两国或地区间载运客货且中经其登记国或地区（此为第三及第四自由的结合）的权利。	伦敦—北京—首尔，国航将来自英国的旅客运经北京后再运到韩国。	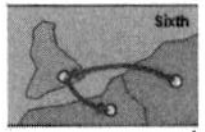
第七航权：完全第三国运输权	某国或地区的航空公司完全在其本国或地区领域以外经营独立的航线，在境外两国或地区间载运客货的权利。	伦敦—巴黎，由汉莎航空公司承运。	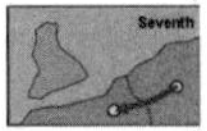
第八航权：国内运输权 （连续的国内运输）	某国或地区的航空公司在他国或地区领域内两地间载运客货的权利（境内经营权）。只能是从自己国家的一条航线在别国的延长。	北京—成都，由日本航空公司承运。	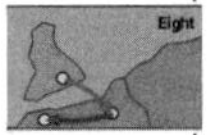
第九航权：国内运输权（独立的国内运输）	本国航机可以到协议国作国内航线运营。可以是完全在另外一个国家开设的航线。	如果甲国某航空公司获得乙国的第九航权，就可以在乙国经营国内航线。	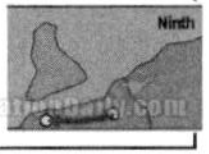

054 海南自由贸易港进出岛航班如何实施航油政策？

2021年7月8日，财政部会同海关总署、税务总局、民航局联合发布通知，明确即日起实施海南自由贸易港进出岛航班加注保税航油政策。

上述四部门联合发布的《关于海南自由贸易港进出岛航班加注保税航油政策的通知》(简称《通知》)，对政策适用条件等作出安排。《通知》第一条规定指出，全岛封关运作前，允许进出海南岛国内航线航班在岛内国家正式对外开放航空口岸加注保税航油，对其加注的保税航油免征关税、增值税和消费税，自愿缴纳进口环节增值税的，可在报关时提出。其中所称进出海南岛国内航线航班，指经民航主管部门批准的进出海南岛的境内飞行活动。

《通知》规定，保税油经营企业凭民航主管部门批准的飞行计划办理加注，根据航班飞行动态及加注相关材料，据实办理海关手续，同时将加注信息报送税务部门。进出海南岛的国际、港澳台航班加注保税航油，按现行相关规定办理。其中，境内航空公司进出海南岛的国际、港澳台航班加注保税航油的税收政策，可参照该《通知》第一条规定执行。

财政部关税司对该政策解读指出，进出岛航班加注保税航油政策的出台，将进一步降低自由贸易港航空运输业经营成本，有利于吸引更多的人流、物流向海南集聚，推动自由贸易港建设不断取得新成效。

055 海南自由贸易港如何提升运输便利化和服务保障水平？

交通运输是社会经济发展的“先行官”，提升运输便利化有利于保障外贸运输通道畅通便利，优化运输市场环境，提高运输服务效率，降低进出口环节物流成本，营造良好营商环境，提升自由贸易港建设服务保障水平。

（1）推进船舶联合登临检查

国际航行船舶联合登临检查，指由海事部门牵头，组织协调出入境边防检查部门、海关等口岸查验单位，协调商定联合登临检查计划，在统一时间节点对船舶实施联合登临检查。相比传统的各口岸查验单位“单兵作战”分头检查，联合登临机制减少船舶在港期间受检的次数，减轻了船员劳动强度和船舶代理多次协调口岸检查的压力，最终提高船舶和货物通关效率，提升口岸服务水平。

（2）构建高效、便捷优质的船旗国特殊监管政策

船旗国监督指各国海事主管机关依据本国的法规对本国船舶实施监督检查，确保所有悬挂本国国旗的船舶符合《联合国海洋法公约》的适用规定和要求。

船旗国监督与港口国监督是相互对应的一对概念，港口国监督是港口国海事主管机关对外国籍船舶实施的监督检查。

船旗国监督检查工作的重心从检查数量逐步向检查质量转移，按照船舶风险等级实施差异化管理，减少对低风险船舶的检查次数，增加对高风险船舶的检查次数，在确保符合国家法规要求、履行有关国际公约赋予缔约国政府的法律义务的条件下提升便利性。

（3）为船舶和飞机融资提供更加优质高效的金融服务

取消船舶和飞机境外融资的限制，探索以保险方式取代保证金。船舶和飞机本身价值非常高，通常需要通过各种融资方式来解决投入资金过大的问题。而且船舶和飞机融资是一项风险很高的融资行为，为了降低风险，避免损失，银行往往需要公司提供足够的抵押或担保。因此，《总体方案》通过取消船舶和飞机境外融资限制，探索以保险方式取代保证金。只需要花较少的钱购买保险就不必缴纳保证金，一方面可以降低企业的融资成本，另一方面也解决了相关企业早期资金不足的问题。

（4）加强内地与海南自由贸易港间运输通关便利化相关设施设备建设

合理配备人员，提升运输来往自由便利水平。海南建设自由贸易港有许多得天独厚的优势，因此要加强海陆空交通基础设施的建设，加强与境内外的互联互通，提升运输来往的自由便利水平。

056 什么是基础电信业务？什么是增值电信业务？海南如何有序扩大通信资源和业务开放？

基础电信业务是电信网提供的表现为传输能力的最基本的业务，如固定电话业务、蜂窝移动电话业务、卫星通信业务、数据通信业务。

电信业务一般分为基础业务和增值业务两大类。在我国，电信通信的基础业务以国家垄断经营为主，增值业务和其他业务则以寡头竞争经营为主。电信的本地电话、长途电话等业务属于基础业务，电信中的视频通信、移动通信、数据业务、VSAT、信息服务等属于垄断性竞争业务。

（1）基础电信业务

基础电信业务指提供公共网络基础设施、公共数据传送和基本话音通信服务的业务。具体包括固定网络国内长途及本地电话业务，移动网络电话和数据业务，卫星通信及卫星移动通信业务，互联网及其他公共数据传送业务，带宽、波长、光纤、光缆、管道及其他网络元素出租、出售业务，网络承载、接入及网络外包等业务，国际通信基础设施、国际电信业务，无线寻呼业务，转售的基础电信业务。

①固定通信业务

固定通信指通信终端设备与网络设备之间主要通过电缆或光缆等线路固定连接起来，进而实现用户间相互通信。其主要特征是终端的不可移动性或有限移动性，如普通电话机、IP电话终端、传真机、无绳电话机、联网计算机等电话网和数据网终端设备。

固定通信业务在此特指固定电话网通信业务和国际通信设施服务业务，包括：固定网本地电话业务、固定网国内长途电话业务、固定网国际长途电话业务、IP电话业务、国际通信设施服务业务。

② 蜂窝移动通信业务

蜂窝移动通信业务指经过由基站子系统和移动交换子系统等设备组成蜂窝移动通信网提供的话音、数据、视频图像等业务。

蜂窝移动通信是采用蜂窝无线组网方式，在终端和网络设备之间通过无线通道连接起来，进而实现用户在活动中可相互通信。其主要特征是终端的移动性，并具有越区切换和跨本地网自动漫游的功能。

③ 卫星通信业务

卫星通信业务指经过通信卫星和地球站组成的卫星通信网络提供的话音、数据、视频图像等业务。

第一类卫星通信业务包括：卫星移动通信业务、卫星国际专线业务。

第二类卫星通信业务包括：卫星转发器出租、出售业务，国内甚小口径终端地球站（VSAT）通信业务。

④ 数据通信业务

数据通信业务是通过因特网、帧中继、ATM、X.25分组交换网、DDN等网络提供的各类数据传送业务。

第一类数据通信业务包括因特网数据传送业务、国际数据通信业务、公众电报和用户电报业务。

第二类数据通信业务包括固定网国内数据传送业务、无线数据传送业务。

⑤ 集群通信业务

集群通信业务指利用具有信道共用和动态分配等技术特点的集群通信系统组成的集群通信共网，为多个部门、单位等集团用户提供的专用指挥调度等通信业务。集群通信业务包括模拟集群通信业务、数字集群通信业务。

⑥ 无线寻呼业务

无线寻呼业务指利用大区制无线寻呼系统，在无线寻呼频点上，系统中心（包括寻呼中心和基站）以广播方式向终端单向传递信息的业务。无线寻呼业务可采用人工或自动接续方式。在漫游服务范围内，寻呼系统应能够为用户提供不受地域限制的寻呼漫游服务。

⑦ 网络接入业务

网络接入业务指以有线或无线方式提供的、与网络业务节点接口（SNI）或用户网络接口（UNI）相连接的接入业务。网络接入业务在此特指无线接入业务、用户驻地网业务。

⑧ 国内通信设施服务业务

国内通信设施服务业务指建设并出租、出售国内通信设施的业务。

⑨ 网络托管业务

网络托管业务指受用户委托，代管用户自有或租用的国内的网络、网络元素或设备，包括为用户提供设备的放置，网络的管理、运行和维护等服务，以及为用户提供互联互通和其他网络应用的管理及维护服务。

（2）增值电信业务

增值电信业务指利用公共网络基础设施提供附加的电信与信息服务业务，使原有基础网络的经济效益或功能价值提高。具体包括在线数据处理与交易处理业务、国内多方通信服务业务、国内因特网虚拟专用网业务、因特网数据中心业务、存储转发类业务、呼叫中心业务、因特网接入服务业务、因特网信息服务业务、移动网和固定网信息服务业务。增值业务广义上分成以下两大类。

① 以增值网（VAN）方式出现的业务

增值网可凭借从公用网租用的传输设备，使用本部门的交换机、计算机和其他专用设备组成专用网，以适应本部门的需要。例如租用高速信息组成的传真存储转发网、会议电视网、专用分组交换网、虚拟专用网（VPN）等。

② 以增值业务方式出现的业务

指在原有通信网基本业务（电话、电报业务）以外开发的业务，如数据检索、数据处理、电子数据互换、电子信箱、电子查号和电子文件传输等业务。

（3）海南如何有序扩大通信资源和业务开放？

在确保数据流动安全可控的前提下，有序扩大通信资源和业务开发，是海南自由贸易港促进数据领域开放、实现自由贸易港数据充分汇聚和培育发展数字经济的重要政策制度设计。

① 扩大数据领域开放，展现中国开放决心与自信

当前，我国数据领域开放发展存在不利因素干扰，但同时也具备重要有利条件。不利因素干扰主要来自西方主要发达国家在科技领域对中国实施“战略围剿”，如美国推行贸易保护主义政策，针对中国实施限制重要技术、设备、数据出口和特定数据领域投资，阻碍我国数字经济快速发展。有利条件是我国的5G、区块链等关键新技术已处于世界相对领先地位，技术受制于人、数据安全缺乏自主保障的历史正在改变。

以上所述重要有利条件坚定了我国在新时代扩大数据领域开放的决心与自信，也催生了海南自由贸易港试点制定完善跨境数据安全流动政策以及建设我国全球数据自由流动港的使命担当。

② 通信资源和业务开发可释放巨大发展潜能

数字经济时代，数据跨境流动将带来全社会经济总体效用的提升，对国家和企业经济增长具有重要的积极意义。

首先，国家培育发展数字经济，必然加快推进新型基础设施建设；其次，海南自由贸易港开放增值电信业务，逐步取消外资股比等限制，允许实体注册、服务设施在海南自由贸易港内的企业，面向自由贸易港全域及国际开展在线数据

处理与交易处理等业务；再者，2003年“非典”疫情严峻形势下我国网购、快递、电子支付业飞跃发展，而在新冠肺炎疫情全球蔓延以及自由贸易港“零关税、低税率、简税制”等政策实施背景下，海南跨境网购、电商物流等数字贸易规模也迎来级数提升；最后，中国广电开展基础电信业务必然带动开拓网络电视电影及网络广播业务。

③ 打造全球数据汇聚的开放型数字经济新高地

海南以建设智慧海南为抓手，瞄准5G、区块链、人工智能、物联网、大数据等数字经济关键生产要素的“建设、应用、安全、标准”主线谋划开启自由贸易港建设新征程，力争2025年前在国家数据跨境传输安全管理制度框架下开展数据跨境传输安全管理试点，探索形成既能便利数据流动又能保障安全的机制；2035年前创新数据出境安全的制度设计，积极参与跨境数据流动国际规则制定，建立数据确权、数据交易、数据安全和区块链金融的标准和规则等，实现数据安全有序流动。海南自由贸易港加速提升贸易数字化整体水平，加快推进产业数字化转型升级和数字贸易发展，切实提高各类数字交易和数据流通的安全可信度，助力数据要素在安全可控前提下自由流动，促进数字产业价值和潜力发挥，必能建成全球数据汇聚的开放型数字经济新高地。

海缆海上施工船拉缆作业图 海南移动供图

知识拓展

海南文昌—香港春坎角海底光缆全线贯通

中国移动海南文昌—香港春坎角海底光缆系统于2021年6月29日完成设备调试及业务开通。作为海南省第一条横跨琼州海峡直达香港的海底光缆，其建成商用实现了海南与香港通信的互联直达，将助推海南自由贸易港数据信息的高效流动。

海南—香港海缆系统工程是中国移动认真贯彻落实党中央、国务院关于支持海南全面深化改革开放、建设海南自由贸易港战略决策的重要举措。项目获得省委、省政府的高度重视和支持，是海南省自由贸易港建设和支撑海南互联网开放的重要基础设施。

根据中国移动规划，其未来还将同步建设国际海缆登陆站、国际业务局、自由贸易港数据中心等国际基础设施，将海南发展成为亚太区域领先、通达全球的国际海缆枢纽，服务于“一带一路”沿线中资“走出去”企业的信息化需求，以及海上丝绸之路沿线国家的国际数据通信发展需求。

据悉，围绕海南建设多条海缆、将海南纳入国际海缆主干网络的构想，中国移动积极筹建其他以海南为起点的海上丝绸之路方向海缆。未来，中国移动海南公司将紧紧抓住海南自由贸易港建设机遇，充分发挥信息技术优势，加大5G网络、数据中心等新基建及信息化项目建设，促进跨境数据流动及数据贸易的发展，并在海南形成产业聚集效应，使海南成为亚太地区领先的全球信息交互中心。

057 什么是国际通信业务出入口局？

国际通信业务出入口局，指国内电信运营商的通信网络与国外及港澳台运营商的通信网络之间的互联节点局，主要用于实现双方业务的互联互通和数据交换。

国际通信业务出入口局实际上是一个国家的通信边境，不仅关系到数亿用户能否顺利使用国际长途、上互联网等通信业务，还事关国家的信息安全。

我国已批准设立北京、上海、广州、昆明、南宁、乌鲁木齐、福州以及哈尔滨等八个国际通信业务出入口局。2022年，海口区域性国际通信业务出入口局建成运营。

（1）安全规定

① 国际通信信道出入口的电信业务经营者

不得利用国际通信传输信道从事非法活动；发现他人利用国际通信传输信道从事非法活动的，应及时协助有关部门采取制止措施。

② 设置国际通信出入口的电信业务经营者

应当建立健全安全管理制度，落实技术防范措施，保证网络运行安全、可靠。国际通信出入口出现重大故障或重大安全问题，应及时通知相关的电信业务经营者，采取紧急措施恢复正常运行，并于事件发生后24小时内将情况报告信息产业部。

（2）设置意义

例如，设置哈尔滨区域性国际通信业务出入口局具有重要意义。

① 贯彻了国家发展规划，落实了中俄总理定期会晤指示精神，深化了中俄全面战略协作伙伴关系。

② 大幅提升了哈尔滨市及至黑龙江省的国际地位，促进了黑龙江省与俄罗斯远东地区、东北亚地区、独联体国家的经贸、文化、科技、教育、旅游等方面的信息交流与合作。

③ 大幅提升了哈尔滨市及至黑龙江省的经济地位，带动了我国东北部地区与俄罗斯的经贸往来，拉动了人流、物流、信息流，全面促进了经济发展。

④ 加快了哈尔滨市及至黑龙江省的信息化发展，将实现我国国际网络向俄罗斯远东地区、东北亚地区、独联体国家的快速延伸，特别是对参与北极网建设，抢占国际信息通信资源制高点奠定了基础。

⑤ 大幅提升了网络质量、语音、专线等通信业务的能力和品质，大幅降低了国际通话资费，对东北部地区经济信息交流中心的建设起到重要的支撑作用，带动东北部地区以通信网络为依托的电子商务、软件（服务）外包、国际呼叫中心等相关产业的发展。

058 海南自由贸易港四大主导产业包括哪些内容？

2020年6月1日，中共中央、国务院发布《海南自由贸易港建设总体方案》，指导海南自由贸易港“大力发展旅游业、现代服务业和高新技术产业，不断夯实实体经济基础，增强产业竞争力”。

2021年10月13日，海南省发展改革委印发《海南省“十四五”时期产业结构调整指导意见》，提出：“围绕‘3+1’重点产业，构建现代产业体系。”海南将形成四大重点产业，即旅游业、现代服务业、高新技术产业、热带特色高效农业。

四大主导产业主要建设任务是：

（1）旅游业

发展的主要措施是：围绕国际旅游消费中心建设目标，推动传统观光游向休闲度假游转变，打造国际知名度假、康养、购物天堂。

① 做优做大免税购物

② 大力发展全域旅游

③ 全面提升旅游服务水平

④ 提升旅游业国际化水平

（2）现代服务业

发展的主要措施是：着眼国内国际双循环，对标国际一流水平，加快服务贸易创新发展，构建海南自由贸易港现代服务业体系。

① 现代物流业

② 医疗健康产业

③ 现代金融业

④ 商务服务业

⑤ 教育文化体育产业

（3）高新技术产业

发展的主要措施是：聚焦海南优势特色领域，加快发展战略性新兴产业，培育壮大未来产业，优化升级优势产业，不断提升产业能级。

① 数字经济

② 石油化工新材料

③ 现代生物医药

④ 南繁产业

⑤ 深海产业

⑥ 航天产业

⑦ 清洁能源产业

⑧ 节能环保产业

⑨ 高端食品加工产业

（4）热带特色高效农业

发展的主要措施是：深度挖掘海南热带资源优势，做强农副产品加工业，推进特色化、标准化、规模化、集群化、品牌化发展。

①打造热带特色农业品牌

②促进三大产业融合发展

知识拓展

海南自由贸易港重点产业建设成效

2023年海南省人民政府工作报告显示，海南自由贸易港建设过程中，重点产业建设成效有：

四大主导产业占全省GDP比重由53%提升至70%。“旅游+”新业态全域拓展，国际旅游消费中心建设激活消费引擎，高端购物、医疗、教育三大境外消费回流逐渐成为自由贸易港“金字招牌”，离岛免税销售额五年超1300亿元，博鳌乐城引进国际创新药械290种，成为国际创新药械进入我国的快速通道，陵水黎安获批6所中外合作办学机构（项目）并正式招生开学。双向开放的金融新格局日渐形成。现代航运物流扩容增量，国际定期货运航线新增13条，洋浦港集装箱吞吐量增长2.9倍。数字经济、石化新材料产业产值均超千亿元，生物医药“医疗+医药+医械”产业架构初现雏形，“核风光气”清洁能源新增装机380万千瓦。南繁种业、热带果蔬做优做强，创建国家现代农业产业园5个、国家产业强镇8个、国家优势特色产业集群3个，热带特色高效农业增加值突破千亿关口。创新赋能高质量发展。“温度深度纬度”优势聚力，“1+2+5”国家级科创平台立柱架梁。全社会研发投入增速连续三年保持全国前2名。专利授权量年均增长50%。国家技术转移海南中心落地。高新技术企业超1500家。“4·13”以来引进人才50.9万，“百万人才进海南”目标完成过半。园区发展活力迸发。“一园一策”下放管理权限，产业园区布局整合优化，集聚效应凸显。13个重点园区贡献了全省超三成的投资和超五成的税收。

059 海南自由贸易港建设如何构建现代产业体系？

《总体方案》指导海南自由贸易港“大力发展旅游业、现代服务业和高新技术产业，不断夯实实体经济基础，增强产业竞争力”。2021年10月13日，海南省发展改革委印发《海南省“十四五”时期产业结构调整指导意见》，提出“围绕‘3+1’重点产业，构建现代产业体系”，“3+1”重点产业即旅游业、现代服务业、高新技术产业和热带特色高效农业。

2022年4月26日，中国共产党海南省第八次代表大会（简称海南省第八次党代会）明确聚焦发展旅游业、现代服务业、高新技术产业和热带特色高效农业等四大主导产业，“让海南现代产业体系这棵大树枝繁叶茂、硕果累累”。

围绕四大主导产业，海南自由贸易港积极谋划通过“三级跳”构建现代产业体系。首先，充分用好海南自由贸易港“零关税、低税率、简税制”等特殊财税政策，以免税购物为龙头，吸引海外消费回流，带动旅游、物流、港口、医疗、教育等快速发展，以形成立竿见影的政策效应。其次，充分利用“加工增值税收优惠政策”，延伸产业链到海南加工增值超过30%

(含)，吸引全球先进高端制造业在海南落地生根，为海南自由贸易港经济发展提供中期支撑。再次，充分发挥海南自由贸易港制度集成创新效应，吸引国内外高端产业人才，充分发挥人流、物流、资金流、数据流等生产要素便捷流动的特点，发展高新技术产业、现代服务业、热带特色高效农业及新兴产业，为长期产业结构升级提供支撑。

060 海南自由贸易港如何发展旅游业？

2020年6月1日，中共中央、国务院印发的《海南自由贸易港建设总体方案》明确提出，大力发展旅游业、现代服务业和高新技术产业，不断夯实实体经济基础，增强产业竞争力。

（1）自由贸易港旅游业的制度设计

坚持生态优先、绿色发展，围绕国际旅游消费中心建设，推动旅游与文化体育、健康医疗、养老养生等深度融合，提升博鳌乐城国际医疗旅游先行区发展水平，支持建设文化旅游产业园，发展特色旅游产业集群，培育旅游新业态新模式，创建全域旅游示范省。加快三亚向国际邮轮母港发展，支持建设邮轮旅游试验区，吸引国际邮轮注册。设立游艇产业改革发展创新试验区。支持创建国家级旅游度假区和5A级景区。

（2）自由贸易港旅游业的发展规划

2021年10月13日，海南省发展改革委出台《海南省“十四五”时期产业结构调整指导意见》（简称《意见》），旨在落实《总体方案》部署要求，推动产业结构优化升级。《意见》指出，到2025年，产业结构调整取得实质性进展，旅游业、现代服务业、高新技术产业增加值占地区生产总值比重分别达到12%、35%、15%；现代服务业增加值占服务业比重达到54%。

《意见》指出，围绕国际旅游消费中心建设目标，推动传统观光游向休闲度假游转变，打造国际知名度假、康养、购物天堂，推动旅游业转型提质升级。

① 做优做大免税购物

完善全岛免税销售网络建设，力争实现免税品品牌、品种、价格与国际“三同步”。建立时尚高端消费品发布、定制和展示贸易中心，吸引独立设计师品牌、大师工作室、艺术研究机构及时尚营销机构集聚，鼓励设立品牌代理总部或地区总部。

② 大力发展全域旅游

构建“处处有旅游、行行加旅游”发展格局。打造精品旅游城市、旅游园区、旅游度假区、景区景点、旅游小镇、乡村旅游点和特色旅游街区等。加快建设海南环岛旅游公路，科学规划一批特色旅游服务区和自驾车房车营地，设置旅游骑行道、步行道等慢行系统，打造环岛高铁沿线风景带。

③ 全面提升旅游服务水平

完善旅游配套设施和服务，推进无障碍环境建设，完善应急服务设施。全面提升旅游从业人员素质和服务水平，引进和培育旅游专业人才。加强旅游数据赋能，积极开展“信易游”，实现“一部手机游海南”。完善旅游市场监管和诚信体系。

④ 提升旅游业国际化水平

引进国际知名酒店、餐饮、文体娱乐品牌入驻。推动更多旅游企业开展国际标准化组织（ISO）质量和环境管理体系认证。开通、加密直达全球主要客源市场的国际航线、航班，推动签证便利化。

知识拓展　海南自由贸易港旅游业发展成效

（1）离岛免税

海口海关公布的相关数据显示，2021 年海南离岛免税市场表现不俗，海口海关共监管海南离岛免税购物金额 495 亿元，购物人数 672 万人次，购物件数 7045 万件，人均购物金额 7368 元，与上年相比分别增长 80%、49.8%、107%、20.2%。

（2）打造全域旅游示范省

2022 年，海南升级旅游体育产业，建设文化强省，打造智慧广电，推动全省旅游和文化广电体育业高质量发展。其中，在国际旅游消费中心建设方面，实现旅游经济流量“加速提升”。海南省旅文系统将加大招商引资和项目建设，细化包装策划 15 个工程 34 个项目；继续推动全域旅游、精品旅游发展，推动 1—2 个市县达到国家全域旅游示范区标准，重点打造 1—2 个省级旅游度假区，新评 5—8 家 A 级旅游景区，新评 15—20 家椰级乡村旅游点等；继续创新打造节庆会展和宣传促销 IP，紧抓“双循环”新发展格局契机，进一步强化“健康游 欢乐购”等宣传推广 IP 打造，挖掘购物旅游、康养旅游、研学旅游等消费潜力。

061 什么是现代服务业？海南自由贸易港如何发展现代服务业？

现代服务业是以现代科学技术特别是信息网络技术为主要支撑，建立在新的商业模式、服务方式和管理方法基础上的服务产业。其具有智力要素密集度高、产出附加值高、资源消耗少、环境污染少等特点，它既包括随着技术发展而产生的新兴服务业态，也包括运用现代技术对传统服务业的改造和提升。

（1）现代服务业的分类

现代服务业是相对于传统服务业而言，适应现代人和现代城市发展的需求，具有高技术含量和高文化含量的服务业。

① 基础服务

包括通信服务和信息服务。

②生产和市场服务

包括金融、物流、批发、电子商务、农业支撑服务以及中介和咨询等专业服务。

③个人消费服务

包括教育、医疗保健、住宿、餐饮、文化娱乐、旅游、房地产、商品零售等。

④公共服务

包括政府的公共管理服务、基础教育、公共卫生、医疗以及公益性信息服务等。

（2）现代服务业的特征

现代服务业具有资源消耗少、环境污染少的优点，是地区综合竞争力强和现代化水平高的重要标志。其在发展过程中呈现集群性特点，主要表现在行业集群和空间上的集群。

① 新服务领域

适应现代城市和现代产业的发展需求，突破了消费性服务业领域，形成了新的生产性服务业、智力（知识）型服务业和公共服务业的新领域。

②新服务模式

现代服务业是通过服务功能换代和服务模式创新而产生新的服务业态。

③四高

高文化品位和高技术含量，高增值服务，高素质、高智力的人力资源结构，高感情体验、高精神享受的消费服务质量。

（3）海南自由贸易港现代服务业的发展

2021年10月13日，海南省发展改革委出台的《海南省“十四五”时期产业结构调整指导意见》指出，着眼国际国内双循环，瞄准国际一流水平，加快服务贸易创新发展，构建海南自由贸易港现代服务业体系。

① 现代物流业

打造西部陆海新通道枢纽，构建现代物流服务体系。打造洋浦国际枢纽海港，推进海口商贸服务型、三亚空港型物流枢纽。推进澄迈金马、海南湾岭等物流园区建设。推动冷链物流和物流服务贸易创新发展。建设洋浦国际冷链物流中心、琼海国际中转型冷库、万宁乌场港冷链物流园，支持打造江东临空物流冷链产业中心。

② 医疗健康产业

充分释放博鳌乐城国际医疗旅游先行区新老“国九条”政策红利，打造集医药研究、临床试验、临床治疗、健康疗养于一体的高水平医疗服务产业集群。做大做强海南特色中医药健康服务业，推动中医药服务贸易发展，推进发展特色专病康养、中医康养、温泉疗养、运动康复康养等产业。

③ 现代金融业

推动形成牌照齐全、结构合理、功能互补的现代金融机构体系。建设国际知识产权交易所，规范探索知识产权证券化。建设海南国际清算所，推进国际能源、航运、产权、股权和大宗商品等交易场所国际化发展。积极发展绿色金融、消费金融、科技金融、涉海金融、贸易金融等特色金融业务。创新开展不动产投资信托基金（REITs）业务。推动“监管沙盒”落地应用，开展法定数字货币应用试点，培育“区块链+金融”产业集群。稳步探索开展离岸金融业务。推动跨境货物贸易、服务贸易和新型国际贸易结算便利化，打造区域性离岸新型国际贸易中心。

④ 商务服务业

培育和发展金融、交易、科技研发、设计、结算类总部经济。发展法律服务、会计、资信调查与评级、产权交易、供应链管理、智库咨询等专业服务。支持市场营销、租赁、会展、人力资源服务等商务服务。发展服务外包产业，拓展信息管理、数据处理、财会核算、技术研发等国际业务。推动创意设计、建筑设计和工业设计为主的“国际设计岛”建设，引进国际著名设计企业、机构入驻海口江东新区等园区。

⑤ 教育文化体育产业

以建设“国际教育创新岛”为契机，引进国内外优质教育资源，打造“留学海南”品牌，吸引国内外学生来琼学习。发展电子竞技、影视、动漫游戏、旅游演艺等文化产业，培育新兴文化消费业态。加快发展健身休闲产业，重点发展沙滩运动、水上运动、山地体育等时尚前沿、消费引领消费的运动项目，建设国家体育训练南方基地和冬训基地，做大海南“冬令营”品牌。

知识拓展 海南自由贸易港迎来服务业扩大开放新突破

外籍人才首次就任海南自由贸易港国企法定代表人、全省首笔“海知贷”业务办理、一批境外个人在海南证券经营机构开立证券账户……据悉，自国务院批复同意在海南等地开展服务业扩大开放综合试点以来，我省服务业扩大开放综合试点工作有序推进，多领域实现开放新突破。

为扎实推进服务业扩大开放综合试点，海南成立了服务业扩大开放综合试点工作专班。按照试点《总体方案》责任分工，海南各试点任务牵头单位围绕72项试点任务制定了118条工作措施，均明确目标成果、时间节点。

062 海南自由贸易港适合发展哪些高新技术产业?

海南高新技术产业体系突出“3+3”重点产业（三大战略性新兴产业、三大未来产业），层级推进、梯度发展。

（1）三大战略性新兴产业

① 数字经济

依托海南生态软件园、海口复兴城互联网信息产业园、陵水清水湾国际信息产业园等园区，做优做强物联网、人工智能、区块链、跨境数字贸易等数字产业链。围绕产业数字化，重点培育电子信息、智能装备、无人机、智能游艇等智能制造产业链，促进新一代信息技术与现代服务业、高新技术产业、热带特色高效农业的融合，加快“智慧海南”建设。到2025年，数字经济产业营业收入达到4000亿元。

② 石油化工新材料

延长石油化工产业链条，提高科技含量，形成上游勘探开发、中游油气加工及综合利用、下游新材料一体化发展格局。依托海口建设油气区域总部，加快澄迈油气服务保障基地建设，将洋浦建设成为具有国际影响力的千亿级石油化工新材料基地，将东方建设成为以天然气化工为主的新材料基地。到2025年，石油化工新材料全产业链产值达到2000亿元。

③ 现代生物医药

发挥本地资源和产业基础优势，招引国内外龙头企业，壮大海口药谷产业规模。高水准规划建设海口美安生态科技新城“美安新药谷”，大力发展高端化学药、生物制药、现代中药。加快实现博鳌乐城国际医疗旅游先行区医疗技术、设备和药品与国际“三同步”，培育具有国际竞争力的医疗集团。到2025年，现代生物医药产值力争达到500亿元。

(2) 三大未来产业

① 南繁产业

以市场需求为导向，加大南繁育种全产业链工业化生产设施、设备等的研制开发，助力南繁育种发展壮大。重点发展生物育种实验设备、育种育苗设备等，推动农业机械化和农机装备智能化。到2025年，全省服务南繁育种的新型工业有良好起步。

② 深海产业

加快建设崖州湾深海科技城，谋划深海产业链，吸引深海科技相关企业和人才落户。主攻深远海探测、海洋工程装备、海洋资源勘探及开发利用等方向，加强相关装备与技术的自主研发、设计、制造及系统集成，提高深海产业的国际竞争力。到2025 年，深海产业产值达到100亿元。

③ 航天产业

抢抓临空经济、商业航天发展机遇，推动文昌国际航天城、江东临空产业园等开放化、国际化、商业化发展，推进火箭研发和商业卫星研制、卫星导航等产业发展，建设航天高端产品研发制造基地和“航天+”产业示范区。到2025年，航天产业产值力争突破100亿元。

知识链接

根据2021年《海南省高新技术产业“十四五”发展规划》，海南省政府根据海南各市县产业基础、区位条件和市场环境，构建“两区、三城、六园”的产业空间格局。

海南省重点园区高新技术产业发展方向

序号	园区名称	发展方向
1	海口国家高新技术产业开发区	重点发展现代生物医药、高端装备制造、节能环保等产业，完善高新区研发、检验检测等配套服务，打造美安新药创制转化基地、全生物降解材料产业集聚地
2	洋浦经济开发区	重点发展海洋油气、健康食品加工、船舶修造、高端装备制造等产业，全力打造新型绿色石化新材料产业基地
3	文昌国际航天城	重点发展航天高端装备制造、火箭研发、商业卫星研制及应用、航天大数据等产业，布局卫星导航、智联网设备或终端及其零配件生产制造，打造航天领域重大科技创新产业基地、空间科技创新战略产业基地、创新融合产业示范基地、航天国际合作产业基地和航天大数据中心

续表

序号	园区名称	发展方向
4	博鳌乐城国际医疗旅游先行区	重点发展医疗器械、特许医疗、第三方医学检测等产业，打造国际医疗旅游目的地、尖端医学研发和转化基地、国家级新医疗机构集聚地、医疗高端人才聚集区和健康领域国际交流平台
5	三亚崖州湾科技城	重点发展以深海产业、南繁产业为核心，多业态融合发展的现代产业体系
6	海口江东新区	重点发展总部经济、临空经济、数字经济和科技服务等产业，聚焦世界500强区域总部和国际结算中心，积极推动总部功能集聚
7	老城经济开发区	重点发展先进制造业、临港产业，推动海关特殊监管区和保税港区建设，加快油气勘探生产服务基地建设，探索发展保税加工等业务
8	海南（昌江）清洁能源高新技术产业园	以核电及其关联产业为主导，重点聚焦清洁能源、智慧储能、节能环保、新型材料、高端制造、资源循环利用、海洋生态技术等高新技术产业
9	海南生态软件园	重点发展数字文体、数字金融、数字健康等数字经济，加快区块链产业应用，重点打造游戏动漫和区块链产业集群，高标准高质量建设生态智慧园区，致力于成为数字贸易策源地、数字金融创新地、中高端人才聚集地
10	海口复兴城互联网信息产业园	重点发展数字贸易、智能物联、金融科技和文化创意等四大产业，力争成为数字经济总部集聚区和国际离岸创新创业基地
11	陵水清水湾信息产业园	以卫星导航、海洋信息、移动互联网、物联网为主导，重点发展遥感、智慧海洋、军民融合、数字创意、设计创意、传感器制造等产业

063 什么是总部经济？海南自由贸易港如何发展总部经济？

（1）什么是总部经济？

总部经济（Headquarters Economy），指一些区域由于特有的优势资源吸引企业总部集群布局，形成总部集聚效应，并通过“总部—制造基地”功能链条辐射带动生产制造基地所在区域发展，由此实现不同区域分工协作、资源优化配置的一种经济形态。

总部经济一旦形成，就可以给当地区域经济发展带来诸多外溢效应，比如税收供应效应、产业聚集效应、产业关联效应、消费带动效应、就业乘数效应、资本放大效应等。

发展总部经济的条件如下。

第一个条件是区域拥有高素质的人力资源和科研教育资源，能够使得公司总部以较低的成本进行知识密集型价值创造活动。这就要求发展总部经济的区域要制定相应的人才优惠政策，吸引更多优秀人才到该城市创业发展；建设相关的人才配套措施，满足人才在区域内的生活需求，保证人才的家属能够随同落户。发展总部经济需要国际化人才和开放式的知识创新氛围。丰富的人力资本和教育资源，可以满足公司总部知识密集型价值创造活动的特定需要。

第二个条件是区域要有良好的区位优势和良好的交通运输网络设施。良好的区位优势一般指拥有天然的港口，港口优势是建立四通八达的交通网络设施的基础，有助于为总部物流提供便利。而便利的交通运输、完善的交通网络体系，也是决定总部区位选择的重要因素，其有利于公司总部与公司内其他分部、子公司、加工基地的各种联系，使公司主要决策者与相关人员有良好接触，掌握公司运营脉搏，及时发现问题、解决问题，同时放大产业聚集效应、产业关联效应、消费带动效应等。

第三个条件是区域必须具有便捷的信息获取以及良好的信息沟通通道，同时在基础性资源条件方面能够同周边地区形成较大的差异。

第四个条件是除了城市建设等硬件要达到较高标准外，更重要的是在城市管理、文化氛围等软件方面要具备良好的素质。一个城市发展总部经济要具备适应现代化城市管理的制度条件。城市决策层要努力营造一流的投资发展环境，使城市的综合营运成本最佳，并不断提高政府的服务效率，法律法规要与国际通行规则接轨，提高政府办事效率，增加政府的透明度，为投资商创造良好的法律环境。

第五个条件是拥有高度发达的服务业、连贯的鼓励竞争制度、完整的服务业发展战略。

（2）海南自由贸易港如何发展总部经济？

①积极引进跨国企业、国内大型企业集团等总部

参照江苏、浙江等省的先进经验，充分发挥海南政策优

势，加大财税、用地及资金扶持力度，制定符合海南实际、具体可操作、更具吸引力的优惠政策体系，针对跨国集团总部、综合总部、地区总部、职能总部等不同对象，分类给予优惠。尤其对跨国公司全球总部的引进，应拿出最优惠的专门政策，增大吸引力争取其落户海南。对总部基地和总部企业的建设用地，应优先安排，给予最大限度的价格优惠支持。

②注重人才建设，夯实总部经济发展的根基

人才是总部经济发展的必要条件，也是基础。海南在发展总部经济的同时，要把人才建设作为总部经济发展的一项重要任务抓实抓好。一是加大人才引进力度。制定总部经济高端人才引进计划，优化人才引进机制，创新人才引进方式，大力引进海内外高层次优秀创新人才和团队。二是加强在职人才培养。依托省内高校，着眼于职业化、专业化、国际化，加大总部经济各重点领域急需人才的培养力度。吸引一批跨国公司、国内外知名培训组织来琼建立培训机构，全面推进职业资格证书制度和职业培训市场化，提高在职人员的业务水平。三是改善人才创业环境。积极营造拴心留人的人文环境，对引进的高层次总部经济人才，在居留、落户、医疗、保险、住房、子女入学等方面给予大力支持，促进总部经济人才安心在海南创业，扎根海南。

③打造优势产业升级，突出总部经济特点

一是依托海南得天独厚的热带农业资源和特色农业的产业优势，以延伸农业产业链为导向，吸引岛外涉农企业入驻海南，完善农业上、下游产业链，通过整合农业产业链资源，吸引岛外大型农业企业将采购、销售、深加工等环节的智能总部设置在海南。二是紧密围绕旅游业，吸引旅游相关企业总部向本地集聚，打造“休闲创作”理念，吸引岛外大型企业在海南设立研发、设计、创意等产业链环节的职能总部，从而在全岛范围内形成地区性总部经济形态。三是充分发挥海南南药和药谷的优势，以博鳌乐城国际医疗旅游先行区建设为契机，增创改革开放新优势、新动能，吸引国际医药企业区域性总部、研发中心及科研人才聚集。

知识链接

（1）国内外形成总部经济的地区

以美国为例，美国作为世界经济大国之一，在纽约建设了曼哈顿CBD，这里聚集了美国许多大公司的总部，多家全球500强企业将总部设在纽约，并随之发展形成了配套的新型服务业。许多大银行、金融公司、保险公司、贸易公司、律师事务所以及许多非营利组织如工会、专业团体、政府机构都驻扎在这里，聚集着几十万就业人口，是世界上就业密度最高的地区。依靠其影响，纽约市确立了其国际城市形象，一批国际性和跨国性的行业组织在纽约市得到发展。

在中国，北（北京）、上（上海）、广（广州）、深（深圳）是大家耳熟能详的大城市，这些城市也都在发展总部经济，华为、腾讯、美团等大型企业总部都纷纷选择落户于其中。北上广深的区域经济与总部经济的发展相辅相成：一方面，总部经济的发展带动了区域经济的发展，吸引了大量的人力资源与其他生产资料；另一方面，人才、资源的汇集进一步吸引了其他关联产业的总部来此发展。

(2) 海南自由贸易港发展总部经济的实例

①海口江东新区

海口江东新区在规划时的重点发展方向就是发展总部经济、临空经济、数字经济和科技服务等产业，聚焦世界500强区域总部和国际结算中心，积极推动总部功能集聚。

海口江东新区总部经济区

江东新区企业港（一期）建筑面积2.3万平方米，2021年全部建设完成并投入使用。企业港采用“步行街+花园办公+休闲广场”的设计，为江东新区企业提供优质的办公场所，引导企业实际办公，截至2022年4月底，已入驻企业108家。

江东新区聚焦临空经济、新金融、消费精品、数字智慧及出口型、外向型服务的“4+X”产业大力招商引资，截至2022年6月已招引落地重点招商企业90家，其中包括山东能源、大唐集团等世界500强企业35家。总部经济区在建项目14个，中银海南总部、江东大唐总部、国投生态环境大厦等

7个项目相继封顶，海南能源交易大厦项目、海口金融中心项目建设已接近尾声。

② 三亚崖州湾科技城

三亚崖州湾科技城重点发展以深海产业、南繁产业为核心，多业态融合发展的现代产业体系。

以往南繁育种科研是各个科研单位院所“各自为战”，产品、技术等交流成本高，导致科研“小散弱”现象凸显，产业集群效应不强。如今，科研院所、企业只要通过预约就可以轻松入驻崖州湾种子实验室，运用这里的仪器设备、科研人员进行技术攻关，南繁产业集群发展的效应也逐渐凸显。截至2020年2月底，三亚崖州湾种子实验室已经吸引11所高校、44所科研机构和400余家企业进驻，引进12所知名高校，在培学生1100多人。

位于崖州湾科技城内的隆平生物技术（海南）有限公司

隆平生物技术（海南）有限公司自2019年落户三亚后快速发展，不仅在玉米种业创新上不断取得突破，而且在进驻崖州湾科技城一年多后，成长为估值超过25亿元的高科技种企。

064 什么是中国国际消费品博览会？中国国际消费品博览会举办情况如何？

（1）什么是中国国际消费品博览会？

中国国际消费品博览会
CHINA INTERNATIONAL
CONSUMER PRODUCTS EXPO

中国国际消费品博览会标志

第一届中国国际消费品博览会举办地

中国国际消费品博览会（简称消博会）是在《总体方案》中提出的，是全国首个以消费精品为主题的国家级展会。2021年5月7日至10日，首届消博会在海南国际会展中心举办，此届消博会以“开放中国，海南先行”为主题，围绕建设海南国际旅游消费中心定位，集聚全球消费领域资源，打造国际消费精品全球展示交易平台。

（2）中国国际消费品博览会举办情况如何？

中国国际消费品博览会分为综合展和专业展两个部分。综合展分为国际及港澳台展区和各省区市展区，邀请相关国家和地区展示整体形象、发展成果、特色产品、优势产业和优惠政策，各参展国家、地区和省区市可通过参展提升影响力，并建立国际化、多元化的开放的对外交流渠道，加强国际合作。

综合展——法国馆

综合展——海南馆

专业展——珠宝

专业展——酒类

专业展分为时尚生活、珠宝钻石、食品保健品、旅居生活、汽车、消费电子、综合服务等展区，邀请全球知名消费品品牌参与博览会，打造多业态、多品类高端的交易平台。

第二届中国国际消费品博览会受新冠肺炎疫情的影响，举办时间变更为2022年7月26日至30日，选址依旧在海口。会期由原来的4天延长至5天，更加聚焦“高、新、优、特”消费精品，是全球消费精品展示交易的重要平台。

第三届中国国际消费品博览会于2023年4月10日至15日在海口举办，主题为“共享开放机遇，共创美好生活”。第三届中国国际消费品博览会是疫情防控平稳转段和2023年全国两会后，我国举办的首场重大国际性展会，继续坚持“精品路线”定位，汇聚国内外优质消费品资源和全球买家卖家，打造优化消费供给、畅通消费渠道、提振消费信心和促进国内国际双循环的全球消费精品展示交易平台，为全球企业共享中国市场和中国企业走向世界创造机遇。

065 海南自由贸易港如何发展医疗产业？

2016年以来，海南省卫生健康委员会（简称海南省卫健委）以博鳌乐城国际医疗旅游先行区为核心，聚焦海口、三亚两大增长极，以九大工程为抓手，加快推进健康产业同三大产业的协同发展，全省“一核两极三区”的健康产业发展格局基本形成。

（1）“一核”引领

以博鳌乐城国际医疗旅游先行区作为全省健康产业核心，集聚国内外优质医疗资源和高端要素，加快发展国际健康旅游业和高端医疗服务业，推动国际领先的生物医药产业高水平聚集发展，开展临床医学、医疗技术应用转化和热带病研究创新，辐射带动全省健康产业发展。将先行区打造成为世界一流的国际健康旅游目的地、全球领先的医疗创新平台和医疗健康中心、高水平医疗健康创新人才聚集区。

（2）“两极”带动

①北部健康产业增长极

范围涵盖海澄文一体化经济圈，包括海口、文昌、澄迈三市县。重点推进高端医疗服务，互联网智慧健康，以“富硒”“长寿”为特色的康养服务和医药研发制造发展：以海南省人民医院为龙头、以海口市优质专科医疗资源为依托，推动高水平医疗服务业发展；统筹规划建设全省全员人口、电子健康档案和电子病历三大数据库，支撑智慧健康产业发展；深度挖掘澄迈的长寿、富硒、生态等元素，发展健康养老养生服务业，打造“海南富硒地，世界长寿乡”品牌，在海南生态软件园打造智慧医疗项目聚集群；发挥文昌最长海岸线优势，沿海文大桥、旅游公路建设医养带状公园，使其成为海澄文一体化的滨海养生高地；壮大海口药谷、美安新药谷产业集群，加快医药制造业发展。

② 南部健康产业增长极

范围涵盖大三亚旅游经济圈，包括三亚、乐东、陵水、保亭4市县，重点推进中医药健康旅游、海上特色健身休闲、健康管理服务和以温泉、沙疗、热带雨林为特色的康复疗养、健康农业田园综合体等产业发展：以三亚市为中心，依托三亚市中医院，面向国际医疗旅游游客高标准打造国际化中医药健康旅游示范区，推进中医药服务贸易发展；加快三亚“国家体育休闲运动城市”建设，发展海上健身休闲运动产业；形成以运动、营养、心理、环境非医药健康干预服务为特征的主动健康管理连续服务城市运营体系；利用生态环境、气候条件和农垦土地资源优势，加快推进南平医疗养生产业园区建设，在乐东、陵水、保亭打造一批集生态、海洋、户外、民族文化等元素为一体的健康旅游度假产品，发展以温泉、沙疗、热带雨林为特色的健康养生养老服务，延伸拓展垦区中医药产业链，与三亚国际中医药健康旅游目的地互补发展。

（3）“三区”协同

①东部

东部地区以万宁市为主要节点。推进兴隆南药药用植物园建设，建设冲浪、龙舟、海钓、潜水、游艇、水上飞机六大运动基地，结合兴隆温泉等资源，打造海上健身休闲运动、南药特色温泉养生旅游目的地。注重加强与琼海和大三亚旅游经济圈组团发展。

② 中部

中部地区以五指山、定安、屯昌、琼中、白沙五市县为主要节点。重点培育以南药、芳香药和黎药为特色的民族医药产业和健康食品产业，建设一批标准化、规模化、现代化的南药和芳香药良种良苗繁育基地，加强槟榔、益智、砂仁、巴戟、牛大力、裸花紫珠、胆木等南药和芳香药资源开发，发展南药特色保健食品、健康食品，开展黎苗医药特色养生体验旅游；充分利用五指山、吊罗山等热带雨林，开展雨林康体养生旅游。加强与东部地区养生养老产业的组团联动。

③ 西部

西部地区以儋州、东方、临高、昌江四市县为主要节点。依托优良的森林、滨海资源，建设以海花岛旅游度假区、东坡文化旅游区、昌江棋子湾度假养生区、昌江原生态黎乡、儋州蓝洋温泉度假村、昌江霸王岭温泉旅游度假区为代表的一批养生休闲健康旅游目的地。

066 海南自由贸易港如何提高国际化办学水平?

随着《总体方案》公布，海南在万众瞩目下站在了中国对外开放最前沿，在建设自由贸易港过程中，人才储备无疑是最重要的元素之一。随着《总体方案》出台，各项细则逐渐明确，一波波利好政策接踵而至。针对教育方面，《总体方案》明确指出：深化产业对外开放；允许境外理工农医类高水平大学、职业院校在海南自由贸易港独立办学，设立国际学校；推动国内重点高校引进国外知名院校在海南自由贸易港设立具有独立法人资格的中外合作办学机构。

海南教育早前存在着相对落后的问题。仅从高校方面来看，海南现有“211工程”高校仅海南大学一所，暂无“985工程”院校。这样的体量间接影响着海南对人才的吸引力。教育国际化是推进全球化的必然要求，也是海南提升国际化的文化体现，能够促进不同国家、民族之间文化教育、经济发展的交流。国际化办学是时代赋予高等教育的使命，自由贸易港建设的相关政策更是为海南教育创新发展指明了方向，自由贸易港建设急需新一代信息技术、贸易、海洋产业、航天产业等方面的高级应用型人才，而海南建设自由贸易港必定会大幅提升海南教育的国际化水平。

《总体方案》特别强调了海南要建设国际教育创新岛，特别是要引进一些境外的理工农医类高水平大学、职业院校，到海南来独立办学。这是一个非常大的政策利好，将会带动海南高等教育，乃至整体教育的国际化办学水平。包括基础教育、中等教育、职业教育，也会受惠于大量引进的一流国际化教育资源，快速带动海南的教育提质升级。

（1）建设多个教育产业园区

海南自由贸易港重点打造十一大产业园区，其中以教育产业为特色的发展园区包括陵水黎安国际教育创新试验区、三亚崖州湾科技城。除此之外，海口江东新区和博鳌乐城国际医疗旅游先行区也同样将教育产业作为优先发展的产业。

①陵水黎安国际教育创新试验区

位于与三亚接壤的陵水黎族自治县，围绕以旅游业为龙头的现代服务业引进相关A+学科高校，初步形成“高原”集聚。截至2021年底，首批签约入驻高校13所，考文垂大学、阿尔伯塔大学和密歇根州立大学等也已成功入驻。

②三亚崖州湾科技城

位于三亚西部，聚焦深海科技和热带农业（南繁育种）等领域，引进知名高校设立研究生院、研究院等，打造产学研用一体化发展的高等教育集群。目前已有包括上海交通大学、中国海洋大学、浙江大学、美国康奈尔大学等在内的国内外高水平大学入驻。立足三亚深海科技城，建设重大科技基础设施。作为首批“双一流”大学，浙江大学在重点关注

《总体方案》的同时，深度聚焦深海、南繁两大重点领域，立足科技、科研、科教，推进产学研用深度融合，通过科技兴城、科研促产、科教育人，进一步推动海南整体建设，为建设智慧海南做出贡献。

（2）稳步引进境外高水平大学及中外合作办学项目

应该把握海南国际教育的风口，稳步引进境外高水平大学及中外合作办学项目。截止到2021年底，中国首个境外高水平大学独立办学项目——德国比勒费尔德应用科学大学已经签约落地洋浦，世界著名酒店管理学院——瑞士洛桑酒店管理学院也已经签约在琼独立办学。在国内高校异地办学政策收紧的情况下，鼓励境内的高水平大学到琼开展异地办学项目，目前已有上海交通大学、浙江大学、中央民族大学等高等学府在琼签约落户。除高等教育之外，国际中小学等合作办学项目也在稳妥有序地推进，英国哈罗国际学校（海口）已于2020年9月正式开学。此外，德威公学、威雅公学和卫斯理安学院附属海南国际高中等国际学校的建设也在加快推进当中。

（3）推进基础教育国际化

基础教育学校要不断引进优质教育，进一步提高思想认识，在提升办学质量和层次上，始终把“立德树人”作为教育事业的根本任务贯穿始终，坚持教书与育人相结合，当好学生成长的引路人。从学生发展的核心素养出发，设计丰富多彩的选修课程，进入学校的同学可以按照自身发展的兴趣和爱好选择选修课，以实现个性化的发展。充分给学校提供优质资源去进一步提升办学特色，成立学科工作室，拓展老师和学生的视野，以“走出去，请进来”的方式，让老师得到成长，让学生接受更多的学科资源。

（4）扩大国际交流，办出高水准教育

借助各地区先进的教育经验，加快海南基础教育改革发展，扩大教育国际交流，办出既有国际水准又具中国特色的教育。

在《总体方案》框架下，要进一步明确各级政府的责任，规范学校办学行为，促进管办分离，形成政事分开、权责明确、统筹协调、规范有序的教育管理体制。一方面要加强宏观管理，在整体布局和顶层设计上狠下功夫，做好教育发展规划，为学校发展指明方向；另一方面要增强服务功能，为建设高水平学校、建设高素质教师队伍提供政策支持和资金保障，及时为学校发展排忧解难。政府加强宏观管理与增强服务功能是现代学校制度建立的前提。

（5）继续深化海南教育改革

继续深化海南的教育改革，助力海南教育的长期可持续发展和国际化水平的提高，具体做法如下。

第一，配合国家“一带一路”倡议，与沿线周边国家和地区在全阶段教育方面开展合作交流。

第二，在职业培训领域，重点推进农业对外合作，通过科技支撑与人才培训基地的建设，为海南的产业升级提供高素质人才和产业工人的储备。

第三，助力K12国际教育的发展。

067 海南自由贸易港特殊的税收政策有哪些特征？

自中共中央、国务院于2020年6月1日印发《总体方案》以来，各项政策文件密集出台，支持海南自由贸易港建设的一揽子税收优惠政策和税收优惠举措受到广泛关注。《总体方案》突出强调制度集成创新，在守住不发生系统性风险底线的前提下，按照“一个重点、两个支撑、三个保障”的思路构建海南自由贸易港政策制度体系。而特殊的税收制度安排就是“三个保障”之一，其对海南自由贸易港建设具有非常重要的作用。

根据《总体方案》，要按照“零关税、低税率、简税制、强法治、分阶段”的设计原则，逐步建立与高水平自由贸易港相适应的税收制度。

“零关税”体现自由贸易港最基本的特征，是自由贸易港的标准配置。海南自由贸易港将分两步实现零关税：第一步是全岛封关运作前，对部分进口商品免征进口关税、进口环节增值税和消费税；第二步是全岛封关运作、简并税制后，对进口征税商品目录以外、允许对海南自由贸易港的进口商品免征进口关税。

“低税率”对标新加坡、伦敦、纽约等，推出更有竞争力的所得税优惠，对在海南自由贸易港实质经营的企业实行企业所得税优惠税率，对符合条件的个人实行个人所得税优惠政策，以吸引跨国公司总部和高端紧缺人才在海南集聚。

“简税制”要求结合我国税制改革方向，在海南自由贸易港探索推进比国内其他地区更加简化的税收制度，通过改革税种制度、降低间接税比例，实现税种结构简单科学、税制要素充分优化、税负水平明显降低、收入归属清晰明了、财政收支大体均衡。

“强法治”要求税收管理部门按实质经营活动所在地和价值创造地原则对纳税行为进行评估和预警，制定简明易行的实质经营地、所在地居住判定标准，强化对偷漏税风险的识别，防范税基侵蚀和利润转移，避免海南自由贸易港成为“避税天堂”。

“分阶段”要求按照海南自由贸易港建设的不同阶段，分步骤实施零关税、低税率、简税制的安排，坚持先立后破、不破不立，久久为功、循序渐进，最终形成具有国际竞争力的税收制度。

068 海南自由贸易港低税率政策包括哪些内容？

“低税率”主要是针对海南自由贸易港建设初期，在实行全岛封关前，海南瞄准新加坡等其他自由贸易港，推出更有竞争力的所得税优惠。例如，《关于海南自由贸易港企业所得税优惠政策的通知》指出：“对注册在海南自由贸易港并实质性运营的鼓励类产业企业，减按15%的税率征收企业所得税。”对总机构设在海南自由贸易港的符合条件的企业，仅就其设在海南自由贸易港的总机构和分支机构的所得，适用15%税率；对总机构设在海南自由贸易港以外的企业，仅就其设在海南自由贸易港内的符合条件的分支机构的所得，适用15%税率。对在海南自由贸易港设立的旅游业、现代服务业、高新技术产业企业新增境外直接投资取得的所得，免征企业所得税。对在海南自由贸易港设立的企业，新购置（含自建、自行开发）固定资产或无形资产，单位价值不超过500万元（含）的，允许一次性计入当期成本费用在计算应纳税所得额时扣除，不再分年度计算折旧和摊销；新购置（含自建、自行开发）固定资产或无形资产，单位价值超过500万元的，可以缩短折旧、摊销年限或采取加速折旧、摊销的方法。

《关于海南自由贸易港高端紧缺人才个人所得税政策的通知》规定，对在海南自由贸易港工作的高端人才和紧缺人才，其个人所得税实际税负超过15%的部分，予以免征。

通过对在海南自由贸易港实质经营的企业实行企业所得税优惠税率，对符合条件的个人实行个人所得税优惠政策，以吸引跨国公司总部和高端紧缺人才在海南集聚。

069 海南自由贸易港在2035年前如何进一步推进财税制度改革?

（1）海南自由贸易港在2020—2025年将从以下角度优化税收政策

①对注册在海南自由贸易港并实质性运营的鼓励类产业企业，减按15%征收企业所得税。

②对在海南自由贸易港设立的旅游、现代服务、高新技术产业企业，其在2025年前因新增境外直接投资取得的所得，免征企业所得税。

③对企业符合条件的资本性支出，允许在支出发生当期一次性税前扣除或加速折旧和摊销。

④对在海南自由贸易港工作的高端人才和紧缺人才，其个人所得税实际税负超过15%的部分，予以免征。

⑤对部分进口商品，免征进口关税、进口环节增值税和消费税。

（2）根据《总体方案》，在2025—2035年进一步推进财税制度改革销售税，包括以下几条措施

①对注册在海南自由贸易港并实质性运营的企业（负面清单行业除外），减按15%征收企业所得税。

②对一个纳税年度内在海南自由贸易港累计居住满183天的个人，其取得来源于海南自由贸易港范围内

的综合所得和经营所得，按照3%、10%、15%三档超额累进税率征收个人所得税，减轻个人税收负担。

③扩大海南地方税收管理权限。企业所得税、个人所得税作为中央与地方共享收入，销售税及其他国内税种收入作为地方收入，有利于促进地方税收收入的增加，促进地方政府更好地进行重大项目的建设。

④授权海南根据自由贸易港发展需要，自主减征、免征、缓征除具有生态补偿性质外的政府性基金，自主设立涉企行政事业性收费项目。给予海南一定的权力，有利于更好地建设海南自由贸易港。

⑤对中央级行政事业性收费，按照中央统一规定执行。

⑥中央财政支持政策结合税制变化情况相应调整，并加大支持力度。

⑦进一步研究改进补贴政策框架，为我国参与补贴领域国际规则制定提供参考。

（3）推进情况

①2022年1月中旬，中央及省级层面正式成立销售税改革专班，开展销售税税制改革研究工作。海南在销售税税制设计上将对标国际知名贸易港，设计有竞争力的税制。与此同时，将注意与内地以增值税为主体的税制做到有效衔接，让海南充分利用好国内国际两个市场、两种资源，打造国内国际双循环重要交汇点。

②海南成立自由贸易港税制改革专班，起草形成《关于销售税税制的初步框架》《关于货物由内地进入海南自由贸易港退还增值税消费税的有关规定（代拟稿）》《物品在海

南自由贸易港和内地之间进出的税收管理办法（代拟稿）》。海南实行销售税后，自由贸易港企业在进口、采购、研发、生产、批发等环节基本不纳税，这意味着企业的税收负担将大大减轻。

③组织开展销售税税源监管、发票管理等研究活动，并组织专家研究自由贸易港新税制下的信息系统建设。

④切实完善《海南自由贸易港鼓励类产业目录（2020年本）》增补条目。

⑤2025年全岛封关后，海南将实施“五税合一”的简税制，将现行增值税、消费税、车辆购置税、城市维护建设税及教育费附加等税费进行简并，启动在货物和服务零售环节征收销售税的相关工作。

知识链接

生态补偿（Eco - compensation）是以保护和可持续利用生态系统服务为目的，以经济手段为主调节相关者利益关系，促进补偿活动、调动生态保护积极性的各种规制、激励和协调的制度安排。狭义的生态补偿指对由人类的社会经济活动给生态系统和自然资源造成的破坏及对环境造成的污染的补偿、恢复、综合治理等一系列活动的总称。广义的生态补偿则还应包括对因环境保护丧失发展机会的区域内的居民进行的资金、技术、实物上的补偿，政策上的优惠，以及为增强环境保护意识、提高环境保护水平而进行的科研、教育费用的支出。

知识拓展 辨别综合所得和经营所得

（1）综合所得：新《中华人民共和国个人所得税法》下的税制被称为“综合与分类相结合的税制”，引入了“综合所得”概念，将居民个人取得的工资、薪金所得，劳务报酬所得，稿酬所得，特许权使用费所得等四项所得综合起来，称为“综合所得”，按纳税年度合并计算个人所得税。“综合所得”并不是某一项个人所得税应税项目，只是因为税法设定了对居民个人取得的工资薪金所得、劳务报酬所得、稿酬所得、特许权使用费所得等四项所得合并计算，所以新《中华人民共和国个人所得税法》将这四项所得统称为“综合所得”。

（2）经营所得：个体工商户从事生产、经营活动取得的所得；个人独资企业投资人、合伙企业的个人合伙人来源于境内注册的个人独资企业、合伙企业生产、经营的所得；个人依法从事办学、医疗、咨询以及其他有偿服务活动取得的所得；个人对企业、事业单位承包经营、承租经营以及转包、转租取得的所得；个人从事其他生产、经营活动取得的所得。

（3）综合所得和经营所得的比较。

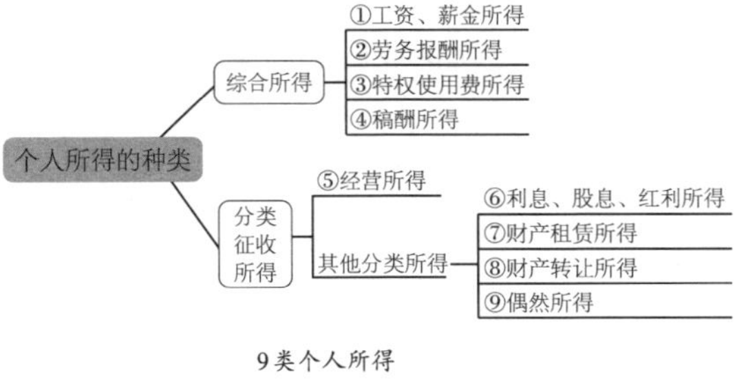

9类个人所得

（图片来源：作者整理）

070 什么是简税制？

简税制指结合我国税制改革方向，探索推进简化税制。改革税种制度，降低间接税比例，实现税种结构简单科学、税制要素充分优化、税负水平明显降低、收入归属清晰、财政收支大体均衡。

海南将结合我国税制改革方向，持续推进简化税制。国外自由贸易港税收制度一大特征就是税种相对较少，便于遵从。而我国现行税种有18个，进一步简化税制，可以有效降低企业和人民的纳税成本。为此，《总体方案》和《海南自由贸易港法》都明确，在全岛封关运作时，将把增值税等税费合并。因为增值税等税费某种程度上存在重复征税，实际税负承担者是消费者。因此，将繁多的税费合并，征管将会更为简便，市场主体负担也会降低。在消费端征税，有利于改变政府此前重投资轻消费的局面，让政府更加注重改善营商环境，提高企业的纳税便利度，打造更加优质的纳税营商环境，为市场创造公平的竞争环境。

071 海南如何实施简税制？

中国内地现行税种共有18种：增值税、消费税、企业所得税、个人所得税、资源税、城市维护建设税、印花税、车辆购置税、车船税、烟叶税、环境保护税、房产税、城镇土地使用税、土地增值税、契税、耕地占用税、关税、船舶吨税。

新加坡以属地原则征税，全国实行统一的税收制度。现行主要税种有：企业所得税、个人所得税、消费税、财产税、印花税等。此外，还有对引进外国劳工的新加坡公司征收的劳工税。

迪拜实行低税负制度，税种较少，目前迪拜只存在5类税：社会保障税、海关关税、销售税、市政税以及企业所得税，其中海关关税和企业所得税中的外资银行所得税是其主体税种。

香港实行的税收制度属于分类税制，以所得税为主，辅以征收行为税和财产税等，具体有两大类：一类是直接税，包括物业税、利得税、薪俸税；另一类是间接税，包括遗产税、印花税、博彩税、差饷、汽车首次登记税、机场旅客离境税、商业登记费、酒店房租税、应课税品税等。

2022年是自由贸易港建设全岛封关运作准备工作的关键一年。封关运作前海南自由贸易港税制改革的重点是简税制，而2025年前简税制的工作重点，也是最具海南自由贸易港特色的税制建设亮点，当属销售税改革。《总体方案》和《海南自由贸易港法》都明确提出，在全岛封关运作的同时，依法将现行增值税、消费税、车辆购置税、城市维护建设税及教育费附加等税费进行简并，启动在货物和服务零售环节征收销售税相关工作；全岛封关运作后，进一步简化税制。

从税制安排上看，销售税是海南自由贸易港初步实现贸易自由便利的基础。实施销售税改革后，进口环节增值税、消费税相应不再征收，再辅以“零关税”政策，可以切实降低进口成本，在全岛封关运作时初步形成与贸易投资自由便利相适应的税制安排。

销售税的“五税合一”不是简单地合一或平移，而是创建一个新税种，是税制的重大变化，其影响体现在各个方面。例如，“五税合一”很大程度上简化了海南自由贸易港的税制体系，可以降低税收征纳成本、提高征管效率，也使得企业在运营、财务核算等方面开展工作更加便捷高效。同时，未来在货物和服务的零售环节征收销售税，对于生产型企业来说，在整个生产过程中将不再负担这五种税收，有助于减轻企业税负，增强企业活力。

省财政厅原副厅长杨雷指出，下一步海南将汇聚各方力量，继续按照《总体方案》确定的2025年前税制改革重点工作任务深化研究，做好包括销售税研究在内的海南自由贸易港税制体系改革工作，确保2025年全岛封关运作顺利进行。

072 何谓“实质性经营”？如何避免海南成为“避税天堂”？

（1）何谓“实质性经营”？

财政部、税务总局在《关于海南自由贸易港企业所得税优惠政策的通知》中规定：企业实质性运营是享受海南自由贸易港15%企业所得税优惠的前提条件之一；不符合实质性运营的企业，不得享受优惠。

实质性运营是指企业的实际管理机构设在自由贸易港，并对企业生产经营、人员、财务、财产等实施实质性的全面管理和控制。

为了进一步细化实质性运营的判断标准和管理要求，国家税务总局海南省税务局、海南省财政厅和海南省市场监督管理局联合印发了《关于海南自由贸易港鼓励类产业企业实质性运营有关问题的公告》，从居民企业和非居民企业两个层面，对实质性运营细化判定标准。按照判定标准，实质性运营可分为四种情况。

第一种情况，企业注册在自由贸易港且在自由贸易港之外未设立分支机构。在这种情况下，判断实质性运营的条件是：居民企业的生产经营、人员、财务、资产在自由贸易港。换句话说，就是四要素当中任何一项不在自由贸易港，就不属于实质性运营。

第二种情况，企业注册在自由贸易港且在自由贸易港之外设立分支机构。这种情况属于总机构在自由贸易港的跨自由贸易港经营，判定实质性运营，主要把握注册在自由贸易港的居民企业能够从生产经营、人员、财务、资产四个维度实施对各分支机构的实质性全面管理和控制。

第三种情况，企业注册在自由贸易港外且在自由贸易港设立分支机构。这种情况属于总机构在自由贸易港外的跨自由贸易港经营汇总纳税，判断自由贸易港的分支机构实施实质性运营，主要强调分支机构具有生产经营的职能，具备与生产经营相匹配的软硬件支撑条件，并开展相关业务。同时，从功能分析的角度强调，分支机构的营业收入、职工的薪酬和资产总额，与企业生产经营职能相匹配。

第四种情况，非居民企业在自由贸易港设立机构、场所。这种情形与第三种情形的判断标准相似，强调机构、场所具有生产经营职能。

按照国家税务总局和财政部总体的要求，海南将实质性运营细化为四种情形，对这四种情形进行综合判断。海南省委书记冯飞指出，这里面非常关键的就是要实现信息共享，比如税收信息、财务信息、薪酬工资信息、人员就业信息等，在实现信息共享的基础上作出综合研判。

（2）如何避免海南成为“避税天堂”？

《总体方案》中确定了以“零关税、低税率、简税制”为主要特征的自由贸易港税收政策制度体系。随着海南离岛免税购物政策、部分进口商品“零关税”政策相继出台，海南自由贸易港鼓励类产业目录、鼓励类产业企业所得税和高端紧缺人才个人所得税15%优惠等政策也已公开。这些优惠政策相继落地，使得海南税负明显低于内地，进入海南的市场主体井喷式增长，但鱼目混珠，也有个别市场主体钻空子。海南省委书记冯飞指出，要从一开始就做好研判防范税收风险的工作，坚决不让海南自由贸易港成为“避税天堂”。

《总体方案》要求，税收管理部门按实质经济活动所在地和价值创造地原则对纳税行为进行评估和预警，制定简明易行的实质经营地、所在地居住判定标准，强化对偷漏税风险的识别，防范税基侵蚀和利润转移，避免海南成为“避税天堂”。另外，《总体方案》还明确，积极参与国际税收征管合作，加强涉税情报信息共享。加强税务领域信用分类服务和管理，依法依规对违法失信企业和个人采取相应措施。

就如何避免海南成为“避税天堂”，冯飞介绍了以下三大举措。

一是强化源头管控，把好登记注册关，建立和完善风险识别和发现机制。从企业登记环节开始，建立风险识别指标体系，细化到行业、到市县。在招商引资过程中，纠正急功近利等思想认识上的偏差，对招商引进的企业，既讲清讲透税收优惠政策，也讲清享受优惠政策的门槛和条件。钻空子的空壳公司一个都不要。

二是把好政策制定关。海南省人民政府办公厅发布了《关于规范产业扶持财税政策有关事项的通知》，明确了一律不得签订或出台与企业缴纳税收直接挂钩的扶持政策等事项。

三是加强日常监管。建立完善预警机制，依托社会管理信息化平台和税务信息化平台，对企业运营的一些苗头性问题及时预警。

知识拓展

生产经营在自由贸易港，是指居民企业在自由贸易港有固定生产经营场所，且主要生产经营地点在自由贸易港，或者对生产经营实施实质性全面管理和控制的机构在自由贸易港。

人员在自由贸易港，是指居民企业有负责生产经营的从业人员在自由贸易港工作，且从业人员与居民企业签订一年以上的劳动合同或聘用协议。

财务在自由贸易港，是指居民企业的会计凭证、会计账簿、财务报告等会计档案资料存放在自由贸易港，居民企业的主要银行账户开设在自由贸易港。

资产在自由贸易港，是指居民企业拥有资产所有权或使用权，并实际使用的资产在自由贸易港，且资产被用于企业的生产经营。

所谓实质性管理，是对各个分支机构的生产经营活动进行计划、组织、指挥、协调；所谓实质性控制是对各个分支的人财物具有最终决策权和控制权。

073 中央如何加大对海南自由贸易港的财政支持力度？

《总体方案》提出，加大中央财政支持力度。中央财政安排综合财力补助，对地方财政减收予以适当弥补。鼓励海南在国务院批准的限额内发行地方政府债券支持自由贸易港项目建设。在有效防范风险的前提下，稳步增加海南地方政府专项债券发行额度，用于支持重大基础设施建设。鼓励在海南自由贸易港向全球符合条件的境外投资者发行地方政府债券。由海南统筹中央资金和自有财力，设立海南自由贸易港建设投资基金，按政府引导、市场化方式运作。

面对自由贸易港建设重大任务，海南财政收支压力必然大增。一方面，由于各类税收的减或免，海南地方财政收入必然减少；另一方面，各类基础设施建设支出大幅增加。在由特定产业结构及发展程度决定的海南财政收入不足的背景下，自由贸易港建设前期必须依靠中央政府的支持与地方政府通过各种渠道筹措资金。

一是中央财政安排综合财力补助，对海南自由贸易港建设中实施“零关税、低税率、简税制”引发的财政收入减少予以适当弥补。中央政府综合财力包含公共预算收入、政府性基金预算收入、国有资产收入、外汇储备、金融工具收益以及行政事业收费等。

二是允许海南地方政府发行债券。海南地方政府可以根据海南省人大通过的发展规划，更加灵活地筹集资金，解决自由贸易港建设中存在的资金不足问题。但是考虑如果没有严格的约束机制，过度举债可能会导致偿债压力，进而影响中央政府信誉。因此，《总体方案》对海南地方政府发行地方政府债券，特别是发行地方政府专项债券的额度进行限制。同时，对用途也进行限制，主要用于重大基础设施建设。此外，放开对境外投资者的限制，鼓励和引导符合条件的境外投资者、社会资本参与海南地方政府债券的购买，保障重点领域的合理融资需求。

三是在中央财政支持和地方筹资基础上，由海南统筹中央资金和地方资金设立海南自由贸易港建设投资基金。该投资基金按政府引导、市场化方式运作。

“十三五”期间，海南省“五网”基础设施建设亮点纷呈：在光网方面，建成“全光网省”，总体实现全省城乡光纤宽带和高速移动通信网络覆盖，大幅缩小城乡数字鸿沟；在电网方面，破除电力短缺瓶颈，形成经济高效稳定的电力系统，电网建设基本实现脱胎换骨，并积极推进全国首个智能电网示范省建设；在路网方面，构建综合立体交通网络取得成效，交通投资创历史新高，为建省以来最高水平，“县县通高速”目标圆满完成；在气网方面，油气综合保障能力明显提升，环岛天然气长输管网东线文昌—琼海—三亚建成，海南省环岛天然气长输管网真正形成闭环；在水网方面，安全生态水网调蓄均衡的水系网络逐步织就，多项重大水利工程推进有力，海岛型骨干水网已初具规模。

知识拓展

（1）地方政府债券，是指某一国家中有财政收入的地方政府地方公共机构发行的债券。地方政府债券一般用于交通、通信、住宅、教育、医院和污水处理系统等地方性基础设施的建设。地方政府债券一般也是以当地政府的税收能力作为还本付息的担保。地方发债有两种模式：第一种为地方政府直接发债；第二种是中央发行，再转贷给地方，也就是中央发国债之后给地方用。在某些特定情况下，地方政府债券又被称为“市政债券”。

（2）政府引导基金，又称创业引导基金，是指由政府出资，并吸引相关地方政府、金融、投资机构和社会资本，不以营利为目的，以股权或债权等方式投资创业风险投资机构或新设创业风险投资基金，以支持创业企业发展的专项资金。

（3）市场化运作，是指根据市场经济的规律与要求，按照企业化运营方式，充分配置内外部资源，实现自身效益的最大化，是市场化的工具。

074 海南自由贸易港如何深化政府机构改革？

《总体方案》提出深化政府机构改革。进一步推动海南大部门制改革，整合分散在各部门相近或相似的功能职责，推动职能相近部门合并。控制行政综合类公务员比例，行政人员编制向监管部门倾斜，推行市场化的专业人员聘任制。

深化机构改革、推进政府职能转变，不仅是进一步提高政府效能、加快建设美好新海南、开启全面深化改革开放新征程的必然要求，也是推动解决社会主要矛盾、落实以人民为中心发展思想的迫切需要。

2018年9月中共中央办公厅、国务院办公厅印发了《海南省机构改革方案》，提出海南省将设置党政机构55个，其中省委机构18个、政府机构37个，同中央和国家机关保持总体一致，并体现海南特色。此次海南省政府机构改革，把着力点放在对加强党对一切工作的领导作出制度设计和安排，突出加强党的全面领导，同时也突出服务“三区一中心”的战略定位，突出保障高质量发展，突出体现以人民为中心的发展思想。

（1）突出加强党的全面领导

海南省这次设置的55个党政机构中，有43个对应党中央机关、国务院部门，总体上做到上下贯通、优化协同。

（2）突出服务“三区一中心”的战略定位

适应全面深化改革开放试验区的建设要求，组建海南省委全面深化改革委员会办公室，同时挂省委自由贸易试验区（自由贸易港）工作委员会办公室的牌子，加强对重点领域改革与对外开放工作的统筹协调。

聚焦法治化、国际化、便利化营商环境和公平统一高效的市场环境，调整优化商务厅职责，加挂省口岸办公室牌子，同时组建地方市场监督管理局、知识产权局、金融监督管理局和人才发展局等党政职能机构。

适应国家生态文明试验区的建设要求，组建省自然资源和规划厅、省林业局，将陆地、海洋自然资源纳入统一的管理体系，实现国土空间管制与自然资源配置的有效衔接；整合分散的生态环保职能，重新组建省生态环境厅，建立大环保管理体制。

适应国际旅游消费中心的建设要求，整合旅游、文化、体育职能，组建省旅游和文化广电体育厅，服务全域旅游发展。

适应国家重大战略服务保障区的建设要求，组建省委外事工作委员会办公室，服务和保障国家外交总体战略；细化省委军民融合发展委员会办公室职责，建立健全边海防管理体制，提升平战结合、军地协调水平。

（3）突出保障高质量发展

高质量发展是做好海南省经济工作的根本要求，现阶段制约海南省高质量发展的体制机制障碍还不少。这次机构改革对宏观管理、市场监管、法治建设、科技创新、农业农村等领域机构和职能进行了大幅度的调整。

（4）突出体现以人民为中心的发展思想

按照党中央统一部署，这次改革着眼加强重点领域民生工作，立足建立健全更加公平、更可持续的社会保障制度和公共服务体系，在卫生健康、医疗保障、退役军人事务、生态环保、应急管理等人民群众普遍关心、关注的领域，加大机构职责调整和优化力度，组建了一批新的机构，进一步强化政府公共服务、社会管理职能，更好地改善民生、维护公共安全。

《海南省机构改革方案》是全国首个获得党中央、国务院批准的地方机构改革方案。按照党中央、国务院关于深化机构改革的统一部署，海南省在全国率先启动地方党政机构改革。该方案印发以来，省委、省政府紧锣密鼓、稳步推进各项改革工作。通过此次机构改革，海南省现设置省级党政机构55个。党委机构18个，其中，纪检监察机关1个、工作机关14个、工作机关管理的机关3个。政府机构37个，其中，省政府办公厅和组成部门23个、直属特设机构1个、直属机构6个、部门管理机构7个。随着政府机构的相继运行，省委机构改革加快推进，55个省级党政机构实现组建运行“一把手”基本到位，找准职责定位，推动自由贸易试验区建设。海南省在全国率先基本完成省级机构改革，建立起适应自由贸易试验区和中国特色自由贸易港建设的组织机构。

075 海南自由贸易港如何强化用地用海保障？

建设海南自由贸易港，用地用海资源保障是关键。一方面，与内地省份相比，海南土地资源十分宝贵，必须坚持集约节约用地方针，优化土地资源配置，提高土地利用效率，确保自由贸易港建设项目用地需求；另一方面，海南虽然拥有全国三分之二的海洋面积，但因为海洋生态系统较为脆弱，所以从海洋生态保护的刚性要求来看，加强海岸带保护和生态修复、大力整治海岸带内违法建筑、加强近岸海域污染防治任重而道远。

第一，授权海南在不突破海南省国土空间规划明确的生态保护红线、永久基本农田面积、耕地和林地保有量、建设用地总规模等重要指标并确保质量不降低的前提下，按照国家规定的条件，对全省耕地、永久基本农田、林地、建设用地布局调整进行审批并将其纳入海南省和市县国土空间规划。

建立统一的国土空间规划和管理体系。在全国率先开展省域“多规合一”改革试点，《海南省总体规划（空间类2015—2030）》经国务院同意实施，划定生态保护红线、永久基本农田、城镇开发边界三条控制线，形成一张蓝图、一套法规、一套机制、一个平台、一套审批新模式，在推动形成全省统一空间规划体系上迈出了步子、探索了经验。以“多规合一”改革为基础，编制形成省级国土空间规划成果，启动市县国土空间总体规划编制，已批准实施11个自由贸易港重点园区详细规划、海南环岛旅游公路及驿站规划和海南热带雨林国家公园保护、生态旅游、交通基础设施专项规划。土地资源供给保障能力全面提升，有效保障“海澄文定”一体化综合经济圈、“大三亚”旅游经济圈、重点园区、新型城镇化和乡村振兴，以及旅游业、现代服务业、高新技术产业和热带特色高效农业用地需求，更好地服务海南自由贸易港建设，有效服务和推动形成新发展格局。“十四五”时期，计划新增耕地数量3500公顷、新增水田面积5000公顷。

第二，积极推进城乡及垦区一体化协调发展和小城镇建设用地新模式，推进农垦土地资产化。统筹全省城乡发展、推进农垦和地方城乡一体化，既是海南农垦体制融入地方、管理融入社会、经济融入市场的客观要求，也是促进海南农垦与地方经济社会协调发展，充分发挥海南农垦在现代农业建设中的示范带动作用的迫切需要。农垦和地方在新农村建设、小城镇建设、城乡规划、工业旅游产业发展等规划上均要无缝衔接和一体化规划。土地是农垦发展的基础，要从强化农业基础地位、实现可持续发展的高度，深化农垦土地管理制度改革，推进农垦土地资源资产化和资本化，创新农垦土地资产配置方式。

深化农垦土地改革，完成9.42万公顷农垦国有土地使用权确权登记，确权登记发证率99.3%，完成8744公顷农垦土地资本化工作。深化“放管服”改革，实施国土空间用途审批“多审合一、多验（测）合一”，规范承接国家下放用地审批权限，下放部分用地审批事项，行政审批效率提高80%。

第三，作为全国33个试点市县之一，也是海南省唯一的先行市县，文昌市在农村集体经营性建设用地入市、农村土地征收制度改革、农村宅基地制度改革等“三块地”试点工作中取得突出成绩。一是在集体经营性建设用地入市方面，分别采取就地入市、异地调整入市等途径和出让、租赁等入市方式。二是在土地征收制度改革方面，在土地补偿费和安置补助费之外，特别增设了生活补贴资金，平均每亩补贴3万元，并按10%的比例留用安置地，给被征地农民提供较好的安置条件。三是农村宅基地制度改革，与集体经营性建设用地入市试点和土地征收制度改革试点进行融合。

在总结文昌市试点经验的基础上，进一步在全省范围铺开农村土地制度改革，建立不同权属、不同用途建设用地合理比价调节机制和增值收益分配机制，完善集体经营性建设用地占有、使用、收益和处分权能，制定集体建设用地使用权抵押融资政策，推动实现“同地同权同价”，健全城乡统一的建设用地市场。

第四，依法保障国家重大项目用海需求。深刻理解海南建设国家重大战略服务保障区的神圣使命和责任担当，依法保障国家重大项目用海需求。一是建设21世纪海上丝绸之路，加强对外互联互通，重点打造以海口、洋浦港为核心的具有国际航运和物流中心功能的枢纽港。二是保障军民融合项目有序推进。三是加强南海应急救援与服务保障能力建设。四是以海洋强省建设助推海洋强国战略。

服务保障好博鳌亚洲论坛年会的举办，打造高水准的对外交流基地，建设国家重要的政商对话和“一带一路”共建平台，深化同“一带一路”沿线国家和地区的合作，讲好“海南故事”。继续完善原油期货交割库的基础设施建设，建设国家战略能源储备基地。完善海洋服务基础设施，推进现代化海洋牧场建设，打造国家深海基地南方中心。加强南海维权维稳和保护开发，推动海上救援基地和南海开放服务保障基地建设，坚决守护好祖国的南大门。这些国家及海南自由贸易港的重大项目实施都涉及用地用海需求，这些需求必须得到充分保障。

知识拓展

（1）农垦土地资产化是指农业开垦的土地因可以带来收益、具有稀缺性而具有资产特征，当存在土地市场时，可以使其参与市场流转并增值。

（2）集约是指在最充分利用一切资源的基础上，更集中合理地运用现代管理与技术，充分发挥人力资源的积极效应，以提高工作效益和效率的一种形式。

（3）期货交割库是由期货交易所指定的、为期货合约履行实物交割的交割地点，是期货品种进入实物交割环节提供交割服务和生成标准仓单必经的期货服务机构。

076 海南文昌农村土地制度改革有哪些经验？如何推进农村土地制度改革？

推进农村土地征收、集体经营性建设用地入市、宅基地制度改革试点。海南省文昌市作为全国33个农村土地制度改革三项试点地区之一，于2015年2月启动农村集体经营性建设用地入市的改革试点，随后根据原国土资源部统一部署，于2016年至2017年期间启动农村土地征收制度改革和农村宅基地制度改革试点。文昌农村土地制度改革三项试点取得优异成绩，总结并推广三项试点经验，为海南在全省深入推进农村土地制度改革提供了一定的基础。

（1）改革经验

①完善农村集体土地进入市场的制度体系。一是限定出让、出租、作价出资（入股）3种入市方式，明确就地入市、零星分散入市、集中整治入市途径条件，规定入市地块须符合的规划、现状、产权归属等入市条件，逐步健全农村集体经营性建设用地入市体系。二是腾挪指标，实现收益共享。文昌探索了就地入市、异地调整入市、租赁入市3种入市模式，并通过分类收取增值收益调节金和相关税费的形式平衡收益分配。

异地调整入市使村庄内零星、分散的集体经营性建设用地以复垦方式完成“空中腾挪”，归并至产业集中区或其他符合条件区域。其中，重点在位置偏远、商业价值较低的贫困村选取零星分散的建设用地入市进行复垦，让贫困村按照征地补偿的1.5倍分享入市收益，在改善贫困村经济条件的同时，还通过科学地调整用地布局节约集约利用了土地。三是规范交易，统一地价。出台入市交易规则，将农村集体经营性建设用地使用权统一纳入省土地交易市场，进入省级公共资源交易平台交易，实行统一信息发布、统一交易流程、统一成交公示和统一交易管理。

②确定以缩小范围、规范程序为核心内容的土地征收制度改革。文昌市进一步探索了被征地农民的多元保障机制，以及与土地征收补偿与集体经营性建设用地入市增值收益大体平衡途径。一是在土地补偿费和安置补助费之外，特别增设了生活补贴资金，平均每亩补贴3.5万元；二是将安置留用地比例由8%提高至10%，并延长了安置留用地面积的核算期限；三是将协商被征地农民和村集体签订征地补偿协议调整至征地报批前，并将安排集体经营性建设用地入市与安排选择留用地用途和位置及征地试点进行挂钩，与农民进行征地协商。

③以合理有效利用空闲宅基地为原则出台一系列盘活宅基地、显示其资产效应的政策。一是探索按时段减免、分梯级收取宅基地有偿使用费，试行农房财产权抵押实现方式。对因历史原因形成超标占用宅基地的有偿使用费收取结合村

庄规划区别对待。二是以退出、流转并行的方式盘活闲置宅基地。对于一户多宅、超占面积、华侨离乡和农民进城务工等原因造成的宅基地及住宅闲置，实行自愿有偿退出制度，农村集体经济组织可根据现行基准地价，与宅基地使用权人通过协商等方式将其空闲或超占的宅基地及住宅有偿收回；对于村内无主、绝户的宅基地及废弃房屋，实行无偿退出制度，经村集体经济组织公示3个月无异议的，由农村集体经济组织无偿收回。三是下放宅基地审批权，试行“分级审批、统一报备制度”。宅基地由“镇级审批存量、市级审批新增”，经审批的宅基地由文昌市土地行政主管部门进行统一备案，实施一张图和专项数据库管理。四是结合实际明确宅基地资格权。将宅基地资格权设定为原则上由所属农村集体经济组织的成员享有。

（2）如何推进农村土地制度改革?

海南全岛有80%的区域和60%的户籍人口在农村，农村是海南自由贸易港建设的重要组成部分。要解决海南农村发展问题，土地是关键。《总体方案》中明确提出“总结推广文昌农村土地制度改革三项试点经验，支持海南在全省深入推进农村土地制度改革”。因此，加快“农村三块地”暨农村土地制度改革，是海南建设自由贸易港的必要措施，也是主要任务之一。

《海南省土地资源利用和保护“十四五”规划（2021—2025年）》中提到“十三五”时期土地领域改革创新成效显著。“十三五”时期，大力推进制度创新，6个制度创新案例被选入海南自由贸易港制度创新案例发布，2项制度创新案例被选入《国家生态文明试验区改革举措和经验做法推广清单》。创新和实施“只转不征、只征不转、不征不转”、先租后让、弹性年期、混合用地、标准地等土地利用政策制度，全省1000多个项目运用创新政策落地实施，降低用地成本1.75亿元。统筹推进全省农村土地制度改革，文昌、琼中、乐东、琼海、东方、陵水等市县入市集体经营性建设用地48宗、50.81公顷，成交总价5.85亿元，村集体及农民直接获得收益达4.56亿元。

海南省土地资源利用和保护“十四五”规划中强调全面推进农村土地制度改革。

一是在总结文昌市试点经验的基础上，进一步在全省范围铺开农村土地制度改革，建立不同权属、不同用途建设用地合理比价调节机制和增值收益分配机制，完善集体经营性建设用地占有、使用、收益和处分权能，制定集体建设用地使用权抵押融资政策，推动实现“同地同权同价”，健全城乡统一的建设用地市场。

二是落实《土地征收“成片开发”标准（试行）》，建立土地征收公共利益用地认定机制，缩小征地范围，推进落实成片开发土地征收，全面实施土地征收区片综合地价并定期更新，加大被征地农民补偿安置和社会保障力度，做好征地信息主动公开，完善土地征收程序，推动和谐征地、阳光征地，维护被征地农民合法权益。

三是稳慎推进新一轮农村宅基地改革试点，探索宅基地所有权、资格权、使用权“三权分置”实现形式，建立宅基地有偿使用、退出和流转机制。保障进城落户农民宅基地使用权、集体收益分配权。

四是制定农垦土地改革方案，将农村土地制度改革拓展到垦区和小城镇，创新小城镇和垦区用地新模式，推进垦区和城乡协调一体发展。

农村土地制度改革涉及村域规划、农村土地三权分设、农村宅基地管理、国有土地征收、产业发展供地、新国土法普法和宣传、村民思想认识等方面问题，需要系统集成改革创新，为海南自由贸易港建提供土地空间保障。

077 什么是“双随机、一公开”？有何优点？

（1）“双随机、一公开”的含义

2015年7月29日，国务院办公厅发布了《关于推广随机抽查规范事中事后监管的通知》，要求在政府管理方式和规范市场执法中，全面推行“双随机、一公开”的监管模式。

“双随机、一公开”，是指在监管过程中随机抽取检查对象，随机选派执法检查人员，抽查情况及查处结果及时向社会公开。

“双随机”：要建立随机抽取检查对象、随机选派执法检查人员的“双随机”抽查机制，严格限制监管部门自由裁量权。建立健全市场主体名录库和执法检查人员名录库，通过摇号等方式，从市场主体名录库中随机抽取检查对象，从执法检查人员名录库中随机选派执法检查人员。推广运用电子化手段，对“双随机”抽查做到全程留痕，实现责任可追溯。

“一公开”：加快政府部门之间、上下之间监管信息的互联互通，依托全国企业信用信息公示系统，整合形成统一的市场监管信息平台，及时公开监管信息，形成监管合力。

（2）“双随机、一公开”有何优点？

①“双随机、一公开”全面推进将有力纠正“监管失灵”

“双随机、一公开”监管改革的全面推进，将有力纠正以下几种“监管失灵”。

首先，改革以“列清单”“适度查”等具体措施，防范了监管部门对市场活动的过度干预。具体而言，为杜绝权力滥用，监管部门需依法制定随机抽查事项清单，凡法律法规没有规定的，一律不得开展随机抽查。为避免执法扰民，监管部门需根据当地经济社会、行业企业实际情况，合理确定随机抽查比例和频次。为减少“多头执法”，基层政府需协调组织相关部门开展联合抽查，对同一市场主体的多个检查事项，原则上一次性完成。

其次，“双随机”抽查机制极大压缩了监管部门与市场主体双向寻租空间，降低了“监管俘获”发生概率。具体而言，监管部门先建立健全市场主体名录库和执法检查人员名录库，再通过摇号等方式，从市场主体名录库中随机抽取检查对象，从执法检查人员名录库中随机选派执法检查人员。这样一来，监管人员再不能“选择执法”，企业也不能心存侥幸、冒险违规。

最后，“一公开”机制将加快我国监管信息系统建设，助力克服市场监管的信息瓶颈。“一公开”机制不仅强调将抽查情况及时向社会公布，推动社会监督，将抽查结果纳入市场主体的社会信用记录，加大惩处力度，还强调在相关部门联合执法过程中打破部门间的信息数据壁垒，形成统一的市场监管信息平台，这将大大加快我国监管信息系统建设，有助于克服市场监管的信息瓶颈。

②“双随机、一公开”机制的确立进一步丰富了国家治理体系现代化的内涵

“双随机、一公开”机制的确立，在增强监管科学性和执法公正性的同时，也为我国监管模式改革提供了新思路。政府着力推动简政放权、放管结合和优化服务，其中，将监管重点从事前审批转向加强事中事后监管，不仅是政府职能转变的一项重要内容，也是经济体制改革深化的一个明确信号。而由“双随机、一公开”监管模式所带来的改革实践，不仅有力推动了行政体制改革的思路创新，也进一步丰富了国家治理体系现代化的内涵。

首先，“双随机、一公开”监管模式为治愈人情监管、选择执法、执法扰民、执法不公等顽疾提供了良方。“双随机、一公开”监管模式的推广，正顺应了我国“大众创业、万众创新”的经济新浪潮。依法制定抽查事项清单，建立“双随机”抽查机制。运用大数据、市场监管信息平台及企业信用体系进行监管，体现了科技创新对政府治理创新的推动作用。

其次，“双随机、一公开”机制的确立标志着“放管结

合”进入了承前启后的关键环节。将监管重心从事前行政审批转向加强事中事后监管，对中国政府来说无异于一场理念与职能革命。换言之，如果在简政放权的同时，政府不能加强对市场和企业的必要监管，采取更合理更高效的行为来消弭市场经济运行必然带来的各种负面影响，那么经济社会就无法持续健康发展。“双随机、一公开”机制的确立，正体现了政府监管改革在理念上的完善、在政策上的衔接，标志着“放管结合”进入了承前启后的关键环节。

最后，国家治理体系的良性运行，离不开地方和社会的协调发展。“双随机、一公开”监管模式改革极大激发了地方政府制度创新、治理创新的动力和活力。

078 什么是“一网通办”？

“一网通办”，即进一张网办全部事，是指打通不同部门的信息系统，群众只需操作一个办事系统，就能办成不同领域的事项，解决办不完的手续、盖不完的章、跑不完的路等“关键小事”。2020年国务院政府工作报告提出，推动更多服务事项“一网通办”，做到企业开办全程网上办理。

079 海南如何实施“一网通办”？

“一网通办”作为“互联网+政务服务”的新名片，是整合办事部门、优化办事流程、提升政府的政务服务能力，推动自由贸易港建设背景下数字化政府建设和海南自由贸易港创一流营商环境建设的重要抓手。

为贯彻落实《国务院关于加快推进全国一体化在线政务服务平台建设的指导意见》，深入推进“互联网+政务服务”，加快建设全省一体化在线政务服务平台，实现与国家平台对接，全面提升政务服务规范化、便利化水平，更好地为企业和群众提供全流程一体化在线政务服务，推动政府治理现代化，海南省人民政府印发了《海南省加快推进全省一体化在线政务服务平台建设实施方案》（简称《方案》）。

《方案》要求，在2018年优化完善“海南政务服务网”主体功能的基础上，2019年底前全面整合各级各部门政务服务系统，完成全省一体化平台与国家一体化平台的对接，共享国务院部门垂直业务系统相关政务数据；2020年底前实现全省一体化平台与国家平台应接尽接、政务服务事项应上尽上，“一网通办”

能力显著增强，全省一体化平台基本建成；2022年底前，政务服务事项全部纳入平台办理，与全国同步，全面实现“一网通办”。

① 建设全省一体化平台总门户

1）打造全省统一入口的网上政务服务总门户。

2）建设完善海南政务服务网。

② 整合建设全省一体化平台

3）强化全省各级政务服务系统的整合并实现相互之间的对接，构建一体化政务平台。

4）完成市县政务服务系统与全省一体化平台的对接。

③清理和规范全省政务服务事项

5）清理完善行政权力事项目录清单。

6）进一步梳理和编制各级公共服务事项清单，分步接入一体化平台办理。

7）逐步推进政务服务事项标准化。

④ 优化政务服务、整合线上线下服务、推广移动政务服务

8）推动各类数据资源在全省一体化平台共享和互认。

9）实现政务服务信息同源发布。

10）推广多元化、移动化政务服务。

11）推进政务服务线上线下深度融合。

12）整合优化办事流程。

⑤ 完善政务服务事项库、电子证照库、统一身份系统、电子印章系统

13）统一全省政务服务事项库。

14）改进和完善全省统一的电子证照系统。

15）健全统一身份认证体系和网上缴费体系。

16）统一电子印章。

⑥ 构建平台安全运行保障体系

17）健全平台运维管理体系和安全保障体系。

⑦ 完成与国家一体化平台对接

18）实现全省一体化平台与以下国家系统的对接：国家政务服务平台统一政务服务门户及移动端、统一政务服务事项管理系统、数据资源共享服务中心、安全保障体系和运维管理体系、身份认证系统、电子证照和电子印章系统。

080 什么是居住证制度?

居住证制度是户籍制度改革的内容之一，已在上海、深圳等城市实行。2010年5月国务院批转国家发展改革委《关于2010年深化经济体制改革重点工作的意见》，这是首次在国务院文件中提出在全国范围内实行居住证制度。作为户籍制度改革的内容，实行居住证制度是中国一些城市借鉴发达国家“绿卡”制度进行的积极尝试，为中国制定技术移民办法，最终形成中国国家“绿卡”制度积累了有益经验。持有居住证者，在工作、生活等方面可享受当地居民的待遇，户籍制度改革的上述措施，将由公安部、财政部、自然资源部农业农村部、农业部、人力资源社会保障部负责。

《海南省建设高标准市场体系实施方案》强调，实行以居民身份证号码为唯一标识、全岛统一的居住证制度。放开放宽落户限制，开展全岛同城化户口登记通办试点。按照常住人口规模优化配置基本公共服务。对接全国统一的社会保险公共服务平台，建立社保关系转移“一次申请、全程代办”制度。持续推进异地就医结算工作，实现“跨省通办”“一码通行”。

081 海南自由贸易港如何打造共建共治共享的社会治理格局?

社会治理是国家治理的重要内容，良好的社会治理是社会和谐稳定、人民安居乐业的前提和保障。党的十九大报告指出：“中国特色社会主义进入新时代，我国社会主要矛盾已经转化为人民日益增长的美好生活需要和不平衡不充分的发展之间的矛盾。”社会主要矛盾的转化是关系全局的历史性变化，是推进社会治理创新，打造共建共治共享的社会治理格局，加强社会文明建设的现实依据。《总体方案》要求打造共建共治共享的社会治理格局。可见，构建多元主体共建共治共享的社会治理格局，形成有效的社会治理体制、良好的社会秩序，使人民的获得感、幸福感、安全感更加充实、更有保障、更可持续，是海南自由贸易港治理体系建设的重要任务。

第一，深化户籍制度改革，实行全岛统一的居住证制度。为了吸引高层次人才到海南投资兴业，海南自由贸易港将深化户籍制度改革，进一步放宽户口迁移政策。借鉴发达国家的“绿卡”制度，实行以居民身份证号码为唯一标识、全岛统一的居住证制度，居住证持有者虽然区别于当地居民，但在工作、生活等方面可享受与当地居民同等的待遇。以居民身份证号码为唯一标识建成电子证照库等网上统一身份认证体系，避免反复到政府部门盖章，提交各种证明材料。以前我们在不同的平台需要注册不同的用户名，为安全起见也要采取不同的密码。随着各种注册信息的不断增多，我们往往会忘记平台的密码。现在只需要记住身份证号码或者注册手机号，我们就可以通过手机短信验证，以及人脸识别、指纹识别等生物技术迅速确认身份，办理相关业务，快捷又方便。

第二，充分发挥各类社会组织在社会治理中的积极作用。支持行业协会类、商会类、科技类、公益慈善类、城乡社区服务类社会组织依法登记，赋予行业组织更大自主权，鼓励社会组织在规范市场秩序、标准制定实施、开展行业监管、加强行业自律、商事纠纷调处等方面发挥更大作用。

第三，治理权限下沉，加快社区服务与治理创新。基层治理是国家治理的基石，基层治理是否有效，直接关系着经济社会是否能持续发展、繁荣和稳定。全面加强基层治理，统筹推进基层政权建设和基层群众自治，促进乡镇（街道）治理和城乡社区治理有效衔接，构建简约高效的基层管理体制，赋予社区更大的基层治理权限，加快社区服务与治理创新。

海南自由贸易港建设坚持共建共治共享，建立与海南自由贸易港发展相适应的社会治理和公共服务体系，打造共建共治共享的社会治理格局。积极推进综治中心、社会管理信息化平台、网格化服务管理、矛盾纠纷多元化解“四位一体”新机制建设，打造共建共治共享的社会治理格局，建设更高水平平安海南。

加快推进市县域社会治理现代化，健全城乡基层治理体系，完善社区管理和服务机制，坚持自治、法治、德治“三治融合”，创新基层群众自治实现途径，推广海口“议事堂”社区工作模式，形成具有海南特色、时代特征的社会治理新模式。推动社会治理和服务重心向基层下移，更好提供精准化、精细化服务，发挥家庭家教家风在基层社会治理中的重要作用。

推进社会信用地方立法，健全信用信息归集共享应用等方面制度，进一步规范失信行为认定、失信惩戒和信用修复工作。鼓励商事主体通过履行法定程序、主动纠正失信行为等方式修复信用。依法治理网络空间，不断健全网络社会综合防控体系，积极防范化解网络安全风险。

开展全国最安全地区创建活动，加大对各类违法犯罪行为的打击力度，常态化开展扫黑除恶工作，持之以恒、坚定不移打击黑恶势力及其“保护伞”，让城乡更安宁、群众更安乐、社会更安全。深入开展“三无”船舶清理整治，防范化解走私风险。

082 什么是生态文明试验区？

国家生态文明试验区是重大国家战略的常用关键词。党的十八届五中全会提出，设立统一规范的国家生态文明试验区，重在开展生态文明体制改革综合试验，规范各类试点示范，为完善生态文明制度体系探索路径、积累经验。开展国家生态文明试验区建设，对于凝聚改革合力、增添绿色发展动能、探索生态文明建设有效模式，具有十分重要的意义。

国家生态文明试验区是承担国家生态文明体制改革创新试验的综合性平台，主要是鼓励发挥地方首创精神，就一些难度较大，确需先行探索的生态文明重大制度开展先行先试。其更加具体的内涵如以下五点所述。

一是有利于落实生态文明体制改革要求，目前缺乏具体案例和经验借鉴，难度较大、需要试点试验的制度，如自然资源资产产权制度、自然资源资产管理体制、主体功能区制度、“多规合一”等。

二是有利于解决关系群众切身利益的大气、水、土壤污染等突出资源环境问题的制度，如生态环境监管机制、资源有偿使用和生态保护补偿机制等。

三是有利于推动供给侧结构性改革，为企业、群众提供更多更好的生态产品、绿色产品的制度，如生态保护与修复投入和科技支撑保障机制、绿色金融体系等。

四是有利于实现生态文明领域国家治理体系和治理能力现代化的制度，如资源总量管理和节约制度，能源和水资源消耗、建设用地等总量和强度双控、生态文明目标评价考核等。

五是有利于推广体现地方首创精神的制度，即试验区根据实际情况自主提出，对其他区域具有借鉴意义，经试验完善后可推广到全国的相关制度。

083 海南如何创新生态文明体制机制？

生态环境是海南发展最大的优势和生命线。2018年4月，习近平总书记在海南考察时就指出，青山绿水、碧海蓝天是海南的最大本钱，必须倍加珍爱、精心呵护。习近平总书记在2018年的“4·13”重要讲话中指出，海南要牢固树立和全面践行绿水青山就是金山银山的理念，在生态文明体制改革上先行一步，为全国生态文明建设作出表率。生态文明建设是中国特色社会主义事业的重要内容，关系人民福祉，关乎民族未来，事关“两个一百年”奋斗目标和中华民族伟大复兴中国梦的实现。海南应以创新生态文明体制机制为改革重点，引领海南生态文明建设，推动环境保护与经济社会发展协调共进。

第一，深入推进国家生态文明试验区建设，全面建立资源高效利用制度，健全自然资源产权制度和有偿使用制度。

2018年4月，《中共中央 国务院关于支持海南全面深化改革开放的指导意见》中关于海南的“三区一中心”战略定位，明确将海南作为全面深化改革开放试验区、国家生态文明试验区、国际旅游消费中心和国家重大战略服务保障区。海南是我国第四个生态文明试验区。2019年5月印发的《国家生态文明试验区（海南）实施方案》提出了27项重点任务，要把海南建设成为生态文明体制改革样板区、陆海统筹发展保护发展实践区、生态价值实现机制试验区和清洁能源优先发展示范区。

建立资源高效利用制度是一个关乎全局和长远的顶层制度设计，是我们既对当代人负责又对子孙后代负责的体现。我国当前面临的生态环境问题，归根结底是一个时期以来在快速工业化城镇化进程中对资源过度开发、粗放使用、奢侈浪费造成的。2019 年4月，中共中央办公厅、国务院办公厅印发《关于统筹推进自然资源资产产权制度改革的指导意见》，明确了统筹推进自然资源资产产权制度改革的时间与路线图。为加快建立健全自然资源资产产权制度，高标准高质量推进海南自由贸易港建设，2021年9月，中共海南省委办公厅、海南省人民政府办公厅印发《海南省自然资源资产产权制度改革实施方案》，方案提出以完善自然资源资产产权体系为重点，以落实产权主体为关键，以调查监测和确权登记为基础，统筹推进自然资源资产产权制度改革，促进自然资源节约集约利用和生态保护修复。到2022年，全面完成自然资源统一确权登记，基本构建自然资源资产“权、责、利”关系；到2025年，建立健全归属清晰、权责明确、保护严格、流转顺畅、监管有效的自然资源资产产权制度体系，为海南自由贸易港建设提供重要支撑和保障。

深入推进全民所有自然资源资产有偿使用制度改革。建立健全森林、水、海域海岛等自然资源资产有偿使用制度，完善价格形成机制，扩大竞争性出让，发挥市场配置资源的决定性作用，同时通过总量和强度控制，更好地发挥政府管控作用。建立完善旅游文化康养等产业有偿使用森林、湿地等自然资源资产制度。探索建立健全自然资源资产评价评估体系，建立主要自然资源政府公示价格体系，逐步形成与市场价格挂钩的动态调整机制。

第二，扎实推进国土空间规划体系建设，实行差别化的自然生态空间用途管制。

建立统一的国土空间规划和管理体系。在全国率先开展省域“多规合一”改革试点，《海南省总体规划（空间类2015—2030）》经国务院同意实施，划定生态保护红线、永久基本农田、城镇开发边界三条控制线，形成一张蓝图、一套法规、一套机制、一个平台、一套审批新模式，在推动形成全省统一空间规划体系上迈出了步子、探索了经验。以“多规合一”改革为基础，编制形成省级国土空间规划成果，启动市县国土空间总体规划编制，已批准实施11个自由贸易港重点园区详细规划、海南环岛旅游公路及驿站规划和海南热带雨林国家公园保护、生态旅游、交通基础设施专项规划。推进“多规合一”实用性村庄规划编制，出台《海南省村庄规划管理条例》、技术导则及编制审批办法，形成595个村庄规划成果。全面有序推进历史建筑保护工作，全省共公布444处历史建筑。建立空间规划督察制度，构建与“多规合一”相配套的法规体系。建成“1+4”（“1”即数据库，“4”即查询统计、审查审批、监测督察、辅助决策等四大应用功能模块）的“多规合一”信息综合管理平台系统，发布公众版“一张蓝图”。“多规合一”改革试点获得国务院通报表扬以及第一届“海南省改革和制度创新奖”一等奖。

为有效落实自然生态空间用途管制，自2017年开始，海南省依据《自然生态空间用途管制办法（试行）》，在自然资源部等部委的指导下，开展省域自然生态空间用途管制试点。2019年11月，中共中央办公厅、国务院办公厅印发了《关于在国土空间规划中统筹划定落实三条控制线的指导意见》，明确了生态保护红线、永久基本农田、城镇开发边界三条控制线是调整经济结构、规划产业发展、推进城镇化不可逾越的红线。在省域“多规合一”改革中，海南统筹陆海功能分区，划定全省（本岛）陆域生态保护红线9377.4平方千米，占海南岛陆域国土面积的27.3%；划定全省（本岛近岸海城）海域生态保护红线8317平方千米，占海南岛邻近海域总面积的35.1%。

“十四五”时期要求国土空间布局更加优化。划定并严守永久基本农田、生态保护红线、城镇开发边界三条控制线，国土空间规划体系更加健全，基本形成以国土空间规划为基础，以统一用途管制为手段的国土空间开发保护制度，构建具有热带海岛特色、优势互补、高质量发展的国土空间开发保护新格局。至2025年，全省建设用地总规模、城乡建设用地规模控制在国家下达指标以内，陆域生态保护红线不少于海南岛陆域面积的27.3%。

第三，建立热带雨林国家公园，构建以国家公园为主体的自然保护地体系。

2019年1月，中央全面深化改革委员会第六次会议审议通过《海南热带雨林国家公园体制试点方案》，该方案按照《建立国家公园体制总体方案》要求，以热带雨林生态系统原真性和完整性保护为基础，以热带雨林资源的整体保护、系统修复和综合治理为重点，以实现国家所有、全民共享、世代传承为目标，通过理顺管理体制、创新运营机制、健全法治保障、强化监督管理，推进热带雨林科学保护和合理利用。海南热带雨林是中国分布最集中、保存最完好、连片面积最大的热带雨林，是诸多濒危物种和海南岛特有物种的庇护所，具有全球性保护意义。作为中国首批正式设立的5个国家公园之一，海南热带雨林国家公园是海南建设国家生态文明试验区的标志性工程。2022年4月11日下午，习近平总书记来到海南热带雨林国家公园五指山片区。他指出，海南要坚持生态立省不动摇，把生态文明建设作为重中之重，对热带雨林实行严格保护，实现生态保护、绿色发展、民生改善相统一，向世界展示中国国家公园建设和生物多样性保护的丰硕成果。

海南省第八次党代会报告指出，国家生态文明试验区标志性工程建设顺利推进，海南热带雨林国家公园正式设立。海南从理顺管理体制、创新运营机制、健全支撑保障、强化监督管理四个方面，积极探索建设中国特色国家公园模式，全力推进热带雨林国家公园建设。通过科学的测算，海南热带雨林估值为2047亿元，单位面积生态系统生产总值（GEP）为0.46亿元每平方千米，海南热带雨林国家公园也成为中国首个发布GEP核算成果的国家公园体制试点区。

第四，健全自然保护地内自然资源资产特许经营权制度，探索生态产品价值实现机制。

根据《海南热带雨林国家公园规划（2019—2025年）》，海南热带雨林国家公园特许经营的范围包括：在符合行业相关审批规定的前提下投资建设、运营经营服务设施或者运营已建成的经营服务设施；销售商品、租赁设备；提供住宿、餐饮、游憩导览、解说或经营户外运动项目；提供社会资本参与的生态旅游、自然教育、低碳交通、医疗、环卫等服务；生产、销售载有国家公园标识的产品；其他利用国家公园资源从事经营服务活动。国家公园门票、宗教活动不得列为特许经营项目。

国家公园经营服务项目的特许经营期限应当根据拟实施特许的项目特点、项目周期和投资回收期等因素综合确定，其中：授予特许经营者投资、建设并且运营具有固定资产性质的经营服务设施，其特许经营期限一般为10年，原则上最长不超过20年；其他特许经营项目按照特许经营协议的约定确定特许经营期限，但最长不超过10年。

第五，探索建立政府主导、企业和社会参与、市场化运作、可持续的生态保护补偿机制。

建立多元化的生态保护补偿机制。完善市场化多元化生态保护补偿机制，鼓励各类社会资本参与生态保护修复。完善与财政转移支付资金分配相挂钩的和完善生态保护成效的生态保护补偿机制。完善森林、湿地生态保护补偿制度。持续推进流域横向生态保护补偿。鼓励流域上下游通过资金补偿、产业扶持等多种形式开展横向生态保护补偿。

建立生态产品价值实现机制。探索“绿水青山就是金山银山”海南实现路径，促进生态优势向发展优势转变。建立生态系统生产总值（GEP）核算体系，率先在海南热带雨林国家公园推行。开展生态产品价值实现试点示范，积极探索建立政府主导、企业和社会参与、市场化运作、可持续的生态产品价值实现机制。按照科学、简明、可操作的原则，调整优化自然保护地和生态保护红线管控规则。健全自然保护地内自然资源资产特许经营权等制度。在符合规划和管控规则的前提下，开展生态旅游试点，促进生态产品价值转化。完善市场化多样化生态补偿，鼓励各类社会资本参与生态保护修复。

打造若干生态产品价值转化实践试点。围绕生态旅游、热带特色高效农业、休闲康养、打造特色鲜明的生态产品区域公共品牌等多样化模式和路径，科学合理推动生态产品价值实现，探索生态产品价值实现的海南模式，形成推广经验，到2025年创建若干个样板基地。

知识拓展

GEP即生态系统生产总值，和人们熟知的GDP一样，都是经济社会发展水平的评价标准体系。GEP这个新标准是对旧模式的完善，折射出我们对经济社会发展认知层次的提升。为了保护好海南独一无二的热带雨林资源，必须握好衡量“生态产品”价值的标尺。保护越得力，GEP越增值。海南热带雨林国家公园管理局局长黄金城在报道中表示，GEP核算让绿水青山就是金山银山这笔“生态账”变成了价值标尺清晰的“明白账”。

国土空间是指国家主权与主权权利管辖下的地域空间，是国民生存的场所和环境，可以分为城市空间、农业空间、生态空间和其他空间四类。国土空间规划是国家空间发展的指南、可持续发展的空间蓝图，是各类开发、保护、建设活动的基本依据。

自然生态空间是指具有自然属性，以提供生态产品或生态服务为主导功能的国土空间，涵盖需要保护和合理利用的森林、草原、湿地、河流、湖泊、滩涂、岸线、海洋、荒地、荒漠、戈壁、冰川、高山、冰原、无居民海岛等。

特许经营权是指特许人拥有或有权授予他人使用的注册商标、企业标志、专利、专有技术等经营资源的权利。

生态产品指维系生态安全、保障生态调节功能、提供良好人居环境的自然要素，包括清新的空气、清洁的水源和宜人的气候等。

自然资源特许经营权是在经营者申请且行政特许情况下，取得的对特定范围自然资源进行开发利用的权利。

生态补偿机制是以改善或恢复生态系统服务功能、促进人与自然和谐相处为目的，以生态系统服务价值、保护成本、发展成本为依据，以市场和政府相结合调节为手段，调整生态环境保护和建设相关各方之间利益分配关系的政策。

084 海南自由贸易港法出台背景如何？主要内容有哪些？意义何在？

（1）海南自由贸易港法出台背景

法者，治之端也。改革发展离不开法治支撑。改革创新，法治先行。“改革和法治如鸟之两翼、车之两轮”，改革开放越深入，越要强调法治。作为国家重大战略，海南建设自由贸易港，没有现成经验可资借鉴，没有现成路径可供遵循，行进在改革的“无人区”，如何最大限度凝聚共识，更好理顺改革发展中的矛盾和问题，破除旧观念、旧体制的束缚，防范化解各类风险，毫无疑问，必须坚持法治引领、法治先行，确保重大改革于法有据。

纵观世界知名自由贸易港，比如新加坡、迪拜，它们成功发展的关键要素就在于法治先行。自由贸易港建设在中国是一项前无古人的创新工程，迫切需要制定相应的法律予以规范和引领。

2018年4月13日，习近平总书记在庆祝海南建省办经济特区30周年大会上发表重要讲话，赋予海南全面深化改革开放新的历史使命，支持海南逐步探索、稳步推进中国特色自由贸易港建设。2020年6月1日，

《海南自由贸易港建设总体方案》正式公开发布。一年后，全国人大常委会表决通过了海南自由贸易港法。海南自由贸易港法的颁布实施，保障海南自由贸易港在法治轨道上有序运行，推动将海南建设成为新时代全面深化改革开放的标杆，是海南自由贸易港建设的一件大事，具有里程碑意义。

一方面，当前国际经济形势发生重大改变，近年来，贸易保护主义持续抬头，英国脱欧、亚太经济合作组织成员国推出跨太平洋伙伴关系协定、中美贸易摩擦等事件，加剧了全球经济形势的改变。2020年新冠肺炎疫情在全球蔓延，对复苏乏力的全球经济来说更是雪上加霜，多国为防御疫情采取了禁航禁运等措施，这进一步为贸易保护主义和单边主义提供了借口。贸易保护主义严重阻碍了生产要素的合理配置和国际流动，对我国对外贸易产生了负面的影响。短期来看，国外先进技术、产品等不能进入中国的市场，使得国内市场产品竞争度下降，打击了中国国内市场创新的积极性，不利于产品和服务的转型升级；长期来看，这会降低中国经济国际竞争力，损害我国对外合作的经贸关系。在国际经济格局深刻变化下，中国将持续深化改革、以实际行动向世界展示新型全球经济化道路，推动构建开放型经济体制建设，以促进中国经济和世界经济健康持续发展。《海南自由贸易港法》的出台坚定了我国推进高水平、制度型开放、构建更高水平开放型经济新体制的决心。

另一方面，单独为海南自由贸易港立法是符合海南自由贸易港高水平建设的迫切需要。在海南建设中国特色自由贸易港，是习近平总书记亲自谋划、亲自部署、亲自推动的改革开放重大举措。2018年以来，中共中央、国务院先后印发《关于支持海南全面深化改革开放的指导意见》和《海南自由贸易港建设总体方案》，各部委关于海南自由贸易港建设的政策密集出台。但相较于法律，政策的权威性不够高，市场投资者对权益保障力度仍存有疑虑。

建设海南自由贸易港没有先例可循，海南肩负着为新一轮改革开放探路的重任，改革开放越是深入，越需要法治保障。海南自由贸易港建设的很多改革举措都涉及行业管理法规，这些规范性文件没有给海南特殊的法律地位，往往需要海南和各部委不断沟通，在达成共识后，还需要通过一定程序去修法修规，过程较长。因此，海南自由贸易港高水平的建设不仅会涉及现有法律法规的调整，还会涉及一系列相关制度的产生，这就使得原有的法律法规无法解决海南自由贸易港建设过程中出现的新问题。因此需要单独为海南自由贸易港立法，在顶层设计上引导自由贸易港的建设，确保政策体系的权威性和稳定性，保障各项政策能相互协调，使得政策能系统地运行。

在新的历史条件下，我国扩大对外开放和推动经济全球化的力度从未减弱。制定海南自由贸易港法，是将政策部署转化为法律规范的关键步骤，也是自由贸易港建设法治先行的重要体现，不仅对海南意义重大，而且充分展示出我国坚定不移地全面扩大开放、构建对外开放新格局、推动建设更高水平开放型经济新体制的意志和决心。

（2）海南自由贸易港法的主要内容

这部法坚持了原则性、基础性定位，重点围绕贸易投资自由化便利化这一中心任务，着眼基本框架和关键制度，主要内容可以概括为以下五个方面。

一是在授权立法和管理权限方面，规定国家建立海南自由贸易港建设领导机制和与海南自由贸易港建设相适应的行政管理体制。国务院及其有关部门根据需要及时依法授权或者委托海南省人民政府及其有关部门行使相关管理职权，授权海南省人民代表大会及其常务委员会根据本法结合实际需要制定海南自由贸易港法规。

二是在贸易自由化便利化方面，确立“一线”放开、“二线”管住的货物贸易监管模式，对负面清单之外的跨境服务贸易，按照内外一致的原则管理。

三是在投资自由化便利化方面，全面推行极简审批投资制度，完善投资促进和投资保护制度，强化产权保护，适用专门的外商投资准入负面清单和放宽市场准入特别清单，推行市场准入承诺即入制。

四是在税收制度方面，按照“零关税、低税率、简税制”的原则，明确海南自由贸易港封关时、封关后简化税制的要求，免征关税的情形、货物在内地与海南自由贸易港之间进出的税收安排及对符合条件的企业和个人实行所得税优惠。

五是在生态环境保护方面，规定海南自由贸易港实行最严格的生态环境保护制度，实行环境保护目标完成情况一票否决制和生态环境损害责任终身追究制。此外，本法还在产业发展、人才支撑和综合措施方面，规定了与海南自由贸易港建设相适应的制度政策体系。

（3）海南自由贸易港法的重要意义

第一，制定海南自由贸易港法是贯彻党中央决策部署、落实国家重大战略、以立法引领和保障改革的重要举措。建设海南自由贸易港是习近平总书记亲自谋划、亲自部署、亲自推动的改革开放重大举措，是党中央着眼于国内国际两个大局，深入研究、统筹考虑、科学谋划作出的战略决策。制定海南自由贸易港法，将党中央关于建设海南自由贸易港的决策部署转化为法律规范，为海南自由贸易港建设提供立法引领和法律保障，对于全面深化改革、全面依法治国，有效发挥法治固根本、稳预期、立长远的保障作用十分重要。

第二，制定海南自由贸易港法是进一步彰显我国对外开放、推动经济全球化的决心的客观要求。在新的历史条件下，我国扩大对外开放和推动经济全球化的力度从未减弱。制定海南自由贸易港法，保障海南自由贸易港在法治轨道上有序运行，打造法治化、国际化、便利化的营商环境，推动将海南建设成为新时代全面深化改革开放的新标杆，有利于充分展示我国建立对外开放新格局、坚定不移扩大对外开放的意志和决心。

第三，制定海南自由贸易港法，是从国家立法层面为海南自由贸易港实现制度创新、系统协调推进改革提供法律基础的实际需要。海南自由贸易港政策制度体系的核心是制度创新，需要积极探索建立适应自由贸易港建设的更加灵活、高效的监管模式和管理体制。经过制度创新实践，逐步形成在国家法制统一前提下的海南自由贸易港法律法规体系。制定海南自由贸易港法，对自由贸易港的功能定位、运行方式、管理模式进行顶层设计，有利于加强制度设计的系统性与协调性，保障政策措施的稳定性与权威性，避免各级各类法律规范在适用中可能出现的冲突，使各项制度措施相互配合、相得益彰，提高制度的整体效益。

085 海南自由贸易港如何组织评价营商环境?

2021年2月，海南省成立了优化营商环境工作专班。2022年3月12日，海南省人民政府办公厅发布《关于印发〈海南自由贸易港营商环境评价工作方案〉的通知》，规范开展营商环境评价工作。经中央批准，2022年12月13日，海南省营商环境建设厅在海口正式揭牌成立，这是全国首个营商环境建设厅，作为正厅级省政府组成部门，开创了营商环境建设体制机制创新的新格局，推动海南营商环境建设进入新的发展阶段。

评价范围：包含市县层面、自由贸易港重点园区层面和省级层面。市县层面，对18个市县（三沙市除外）分别开展评价，力求研判各市县特性短板和共性问题。自由贸易港重点园区层面，对现有11个自由贸易港重点园区（简称重点园区）分别开展评价，梳理呈现重点园区营商环境阶段性建设成果和有利于营商环境建设的因素和条件。省级层面，对营商环境进行整体评分，突出“全省一盘棋、全岛同城化”思路，对标国内标杆案例，对营商环境全面摸底。

开展评价工作时间安排和评价数据采集区间：评价分年度营商环境评价和上半年度营商环境重点指标

评价。(一) 年度评价。每年3月底前完成对上年度评价工作。评价数据日期采集区间为上年度1月1日至12月31日。(二) 上半年度重点指标评价。每年8月底前完成本年度上半年度重点指标评价。评价数据日期采集区间为本年度1月1日至6月30日。评价根据当年全省优化营商环境工作部署及实际推进情况选取部分重点指标。

评价机制具体如下文所述。

(一) 指标体系

海南自由贸易港营商环境评价指标体系包括24个一级指标、97个二级指标及若干评价要点。一是秉承对标国内先进水平目标,参照《中国营商环境评价指标体系》设定部分一、二级指标。二是对接《中华人民共和国海南自由贸易港法》《优化营商环境条例》《海南自由贸易港建设总体方案》《海南自由贸易港优化营商环境条例》等法律法规文件要求,从建设海南自由贸易港阶段性重点任务出发,突出海南自由贸易港特殊制度安排,总结提炼出"贸易自由便利""投资自由便利""跨境资金流动自由便利""人员进出自由便利""运输来往自由便利"和"数据安全有序流动"等6个一级指标。三是坚持以市场主体需求为导向,结合海南现阶段优化营商环境工作进展,从时间、流程、成本、获得资源便利性等方面,评价市场主体全生命周期参与市场经营活动便利性。

(二) 评价方法是委托第三方专业机构开展评价

1. 指标设置。根据事权和服务事项范围,从海南自由贸易港营商环境评价指标体系选取海南自由贸易港营商环境市县参评指标、海南自由贸易港营商环境重点园区参评指标、海南自由贸易港营商环境全省综合参评指标。

2. 数据来源。一是依据公开数据，收集各级政府已公开统计数据、政策制度类文件、新闻报道等。二是依据数据公报，获取部分基础数据。三是依据相关业务数据，收集评价期内全量工单统计数据、部门网上填报数据，组织少量电话访问，原则上不组织部门开展集中填报。四是依据网上调研问卷，按10%的比例抽取符合样本条件的企业、行业机构填报网上问卷。五是实地调研，对政务服务大厅、办事窗口或终端开展调查，选取部分调研问卷反映问题的企业进行回访验证。

3. 评分方式。按照平均法，分级确定指标权重。采用前沿距离得分法计算便利度得分。其中，市县以最优市县为前沿、重点园区以最优园区为前沿，计算便利度得分。全省评价依据各市县常住人口数量确定市县参评指标权重，计算全省便利度得分；对市县未参评指标，采用前沿距离法，通过调研确定全国前沿计算我省得分。

同时，由省工商联同步开展海南省营商环境企业满意度调查，将省工商联等部门营商环境企业满意度调查纳入便利度得分，占总分值20%。

（三）结果及应用

评价结果将形成市县、重点园区、省级3个层面的营商环境便利度分析报告。评价结果纳入海南自由贸易港建设进程评价和市县高质量发展综合绩效考核等，并作为衡量各级领导班子和领导干部工作实绩的重要参考。评价发现的问题和提出的改革建议将作为深化营商环境改革，推进制度集成创新的重要依据。评价形成的典型案例和创新成果将作为先进经验在全省宣传并复制推广。

086 海南自由贸易港如何营造一流的法治环境？

立出良法，调出优法，以法制促法治。海南坚决贯彻落实海南自由贸易港法，用好授予的法规制定权，加快梳理并制定相关法规，始终确保在法治轨道上高质量高标准推进海南自由贸易港建设。以立法为引领，海南形成了良好的法治基础，在打造法治化营商环境上具有很大优势。

海南立足自由贸易港建设实践，着力打造一流营商环境，在法治建设上进行了一系列创新突破。比如，设立海南自由贸易港知识产权法院，为知识产权保护提供优质高效司法保障；再如，成立海南国际仲裁院，多元化解涉外民商事纠纷……这些走在前列的法治创新，在体现海南法治进步的同时，也让人们看到了海南推进法治建设、打造一流法治环境的诚意。

法律的生命在于实施，法律的权威在于执行。省长冯飞指出，要加强统筹协调，积极实施《海南自由贸易港法》，将法律确定的重要原则和要求转化为可操作、能落地、出实效的具体制度措施，确保法律制度实用、管用、好用。紧贴自由贸易港建设急需，以问题为导向，以实用为标准，海南积极出台相关配套法规，加快建立与自由贸易港建设相适应的法规框架。

公平竞争是市场经济的基本原则。在海南，社会公平竞争的共识尚待提升、影响公平竞争的行为不同程度存在等问题不容忽视，解决这些问题可从以下几个方面着手。

（1）让各类市场主体都得到平等对待

遵循“公平竞争原则、市场主体平等原则、自由竞争原则”三大基本原则，《海南自由贸易港公平竞争条例》确定了对接国际通行经贸规则等内容，致力于在海南自由贸易港建立统一开放、竞争有序的市场体系，助推国内大循环和国内国际双循环的畅通。欺客宰客等现象在海南时有发生，这一问题未得到彻底根除的原因之一，是现行法律法规的处罚针对性不强、惩戒力度不够。

（2）让不法分子既无胆量再犯、也无能力再犯

与此前法律法规相比，《海南自由贸易港反消费欺诈规定》加大惩戒力度，释放出“零容忍”打击消费欺诈违法行为的强硬信号，并引入“双罚制”，对以经营者为单位、情节严重或者社会影响特别恶劣的消费欺诈行为，除对经营者处罚外，还要对其法定代表人、主要负责人和其他直接责任人员进行处罚，确保处罚到人。《海南自由贸易港公平竞争条例》和《海南自由贸易港反消费欺诈规定》，是我省充分运用国家赋予的海南自由贸易港立法权，在公平竞争和反消费欺诈领域的专项立法探索，属全国首创。

（3）继续推进“小切口”立法出现在海南的各个领域

《海南自由贸易港优化营商环境条例》聚焦营商环境建设中的堵点，从优化市场环境、政务环境、法治环境等方面作出规范；《海南自由贸易港社会信用条例》被定位为自由贸易港信用体系建设的基础性法规，进一步规范社会信用信息管理，维护信用主体合法权益；《海南自由贸易港安居房建设和管理若干规定》等一些管用的“民生小法”，着力解决人民群众关心的热点、难点问题；《海南自由贸易港企业破产程序条例》《海南自由贸易港市场主体注销条例》《海南自由贸易港知识产权保护条例》等一系列与市场主体息息相关的法规也相继出台，加快构筑起优良营商环境的“四梁八柱”。

对标国际规则、加快补齐短板，海南出台实施《海南省多元化解纠纷条例》，首次以地方立法形式确立了调解国际商事纠纷的多元化解机制，意在打造法治化、国际化、便利化营商环境。海南还通过调解前置、撤销仲裁前与仲裁机构会商等创新制度，探索国际商事纠纷“三位一体”多元化解机制，实现将诉讼、调解、仲裁三种争议解决方式无缝对接，确保一站式解决纠纷。

法治是最好的营商环境。国际商事纠纷解决能力的增强，反映出海南涉外法律服务水平的提升。公开透明、可预期的法治化环境，有利于各类市场主体放心投资、安心经营、专心创业，必将吸引全世界投资者来海南投资兴业。法治既是市场经济的内在要求，也是其健康平稳运行的根本保障。我们在看到成绩的同时，也要清醒认识到，与广大人民群众的期待、与自由贸易港建设要求相比，当前我省的法治建设仍存在不少有待完善之处。正所谓“知不足而后进”，只要坚定信心，以立法为引领，坚持法治先行，做到严格执法、公正司法、全民守法，用法治之光照亮每一个角落，就一定能够将海南打造成为法治建设新高地，营造一流的法治环境，为高质量高标准建设海南自由贸易港提供有力法治保障。

087 什么是二线口岸？

口岸，具有基础设施和查验、监管机构，是对人员、货物和交通工具合法出入国（关、边）境进行检查检验和提供服务的交通枢纽，不同运输方式的交通网络运输线路的交汇点，国家或地区对外交通运输系统的重要组成部分，具有优越的地理位置和方便的交通运输条件。

封关后，在海南自由贸易港与中华人民共和国关境内的其他地区（简称内地）之间设立“二线”，往来海南自由贸易港和内地间的货物、物品、人员和运输工具均需从口岸进出。货物从海南自由贸易港进入内地，原则上按进口规定办理相关手续，照章征收关税和进口环节税。

根据《总体方案》“‘一线’放开、‘二线’管住、岛内自由”的制度设计，全岛封关运作后，海南口岸分为对外开放口岸和“二线”口岸。对外开放口岸强化进出境环节的安全准入（出）监管，由口岸查验机构依法对涉及进出境证件、检验检疫、税款征收等的进出境人员、货物、物品和运输工具实施监管查验，侧重公共卫生安全、国门生物安全、食品安全、产品质量安全管控。往来海南自由贸易港和内地间的货物、物品、人员和运输工具均需从口岸进出。

海南现有对外开放口岸8个，其中水运口岸5个（洋浦港口岸、海口港口岸、三亚港口岸、八所港口岸和清澜港口岸）、航空口岸3个（海口美兰机场口岸、三亚凤凰机场口岸、琼海博鳌机场口岸）。根据《海南自由贸易港口岸布局方案》，洋浦港口岸、三亚港口岸、八所港口岸和清澜港口岸、海口美兰机场口岸、三亚凤凰机场口岸、琼海博鳌机场口岸在完善对外开放口岸功能的基础上，增设“二线”口岸功能。

为配套海南自由贸易港的“一线”放开、“二线”管住的货物贸易制度顶层设计，根据《海南自由贸易港口岸布局方案》，在封关运作前，在海口新海港和南港2个港口设立“二线”口岸，以后根据自由贸易港发展需要，在充分论证基础上推进其他港口增设“二线”口岸。“二线”口岸设施建设主要依托现有口岸查验基础设施和改造后的国内厅、内贸场地；单设“二线”口岸的，主要依托改造后的国内厅、内贸场地。确有新建、改扩建必要的需经严格论证后实施。

海南现有对外开放的口岸

序号	口岸类型	口岸名称	批准时间	备注
1	水运口岸	洋浦港口岸（洋浦港区）	1990年	1991年正式开放，2008年、2009年、2018年新（扩）建码头对外启用

续表

序号	口岸类型	口岸名称	批准时间	备注
		洋浦港口岸（神头港区）	2011年	2012正式开放，2015年、2019年、2020年、2021年新（扩）建码头对外启用
2	水运口岸	海口港口岸（秀英港区）	1957年	批准当年正式开放
		海口港口岸（马村港区）	2004年	2005年正式开放
3		清澜港口岸	1990年	1996年正式开放
4		八所港口岸	1958年	批准当年正式开放
5		三亚港口岸（三亚港区）	1984年	批准当年正式开放
6	航空口岸	海口美兰机场口岸	2003年	批准当年正式开放
7		三亚凤凰机场口岸	1994年	批准当年正式开放
8		琼海博鳌机场口岸	2020年	待验收合格后

088 海南社会管理信息化平台如何构建“三道防线”?

海南社会管理信息化平台（简称社管平台）集成了各方面先进技术，是中国唯一服务于自由贸易港的信息化平台。目前，社管平台已初步投入实战化运行，可通过多种高科技手段综合运用，实现24小时打击走私、海上预警处置。

社管平台整合了全岛“人流、物流、资金流”信息管理、社会管理监管、口岸监管等多个系统，创新建设、综合应用雷达、光电等多种前端感知手段，汇聚融合各类数据资源，构建从态势感知到大数据研判再到联勤联动高效应急处置的全链条综合防控体系，为海南省构筑近海、岸线、岛内三道防控圈。

在近海防控圈，运用海上浮台搭载的各种前端感知手段，对内与岸基雷达、光电相互配合，清除监管盲点；对外将部分重点区域监管范围向外延伸，对过往船只等海上目标进行跟踪监管。同时提供海域态势感知、海洋环境观测、海上综合通信及海域信息等方面服务。在岸线防控圈，建设岸线视频监控、环岛雷达、光电，基本实现岸线可视化监管全覆盖。整合使用海南省无人机资源，强化感知手段的机动性，扩大监管范围。通过加装船载北斗终端，对海南省“三无”船舶进行严格管控，防范走私、偷渡风险。在岛内防控圈，综合运用视频监控、卡口电子警察、人脸识别系统、无人机管控系统等，对岛内车辆、货物、人员、飞行器等情况进行监控，为打击违法犯罪、应急救援、重大活动安保等提供技术支撑。

社管平台建设在服务保障海南自由贸易港建设方面形成三大创新点。

一是初步形成适应海南发展需求的社会治理数据模型。按照社会治理要素数据化、数据标准化的要求，根据海南基层社情民意和自由贸易港建设的需求，紧紧抓住人流、物流、资金流自由流通的自由贸易港特点，形成了以船舶、车辆、飞行器、货物、人员、资金等要素为治理对象的数据模型，为自由贸易港建设和社会治理奠定了坚实基础。

二是在环岛立体化防控方面进行了大量有益探索。社管平台沿着海南省1944千米海岸线及各重点港岙口开展感知、监管设备建设工作，依托各类数据资源和前端感知设备，建立的近海、岸线、岛内三道防控圈，以智能化手段弥补监管盲点，为岸线管控进行有益探索，提供解决方案。

三是在异常情况预警预判方面创新使用人工智能技术。利用数据算法设置模型，甄别异常情况，做到实时感知及时预警，全力保障海南自由贸易港建设顺利推进。

089 海南自由贸易港如何防控贸易风险？

《总体方案》提出“加强重大风险识别和系统性风险防范，建立健全风险防控配套措施”。建设高水平的中国特色自由贸易港是一项全新的探索，各类风险和挑战必将相伴而生，且更具复杂性、交织性、全域性。海南省委专题研究建设自由贸易港进程中的风险防范与管控课题，提出加强风险防控的工作措施和建议，坚持“管得住”才能“放得开”，并制定了《海南自由贸易港建设重大风险防控行动方案（2020—2022年）》，明确了各类风险防控任务的时间表、路线图、责任人，尽可能把各类风险研判在前、防范在前。

海南省第八次党代会报告提到，海南省已经召开省委全会专题部署风险防控工作，成立15个由分管省领导牵头的风险防控专项工作组，有效防控政治风险和意识形态风险，抓实各领域风险防控。64个非设关地综合执法点挂牌设立，社会管理信息化平台建成运行，人流、物流、资金流、信息流监管能力全方位提升；构建离岛免税商品溯源等管理体系；海航集团破产重整等金融风险和一批房地产项目风险依法妥善化解。安全生产形势总体稳定向好，牢牢守住了不发生系统性风险的底线。

海南自由贸易港在贸易风险防控方面采取了如下措施。

一是海南自由贸易港加快完善海南社会管理信息化平台，构建近海、岸线、岛内三道防控圈，基本实现对进出岛人流、物流、资金流的全天候全方位动态监管，海南社会管理信息化平台一期基本建成，社管平台二期正在加快建设，整体进入实战化运行。

二是出台实施《海南省反走私暂行条例》，开展未设立口岸查验机构区域综合执法点建设，紧盯重点领域，加强部门联动，形成多部门联合监管机制。成立海岸警察总队，负责沿海地区社会治安管控和反走私等工作。严厉打击免税套购等违法行为。

三是创设医疗药品监督管理局，统管海南自由贸易港博鳌乐城国际医疗旅游先行区医疗服务和药品、医疗器械安全，为先行区医疗新技术、新产品、新业态、新模式发展创造了良好环境。

090 海南自由贸易港如何防控投资风险?

投资风险是指投资主体为实现其投资目的而对未来经营、财务活动可能造成的亏损或破产所承担的风险。投资风险是投资主体针对是否投资所进行预测分析的最主要内容。要始终坚决贯彻落实习近平总书记关于风险防控的重要论述和系列指示批示精神，增强忧患意识，坚持底线思维，统筹发展和安全，牢牢把握“管得住”才能“放得开”这一原则，把风险防控工作作为事关海南自由贸易港建设成败得失的最关键变量，一手抓各项政策落地，一手抓防范化解各类风险挑战。

（1）完善过程监管制度

完善与投资规则相适应的过程监管制度，严格落实备案受理机构的审查责任和备案主体的备案责任。明确及细化过程监管的规则和标准，压实监管责任，依法对投资经营活动的全生命周期实施有效监管。

（2）实行包容审慎监管

为加快推进新旧动能转换，推进自由贸易港更高水平开放，海南在建设自由贸易港的过程中，将对新技术、新产业、新业态、新模式实行包容审慎监管，即既为新兴产业经济活动留出充足空间，避免错失发展机遇，又要稳妥审慎监管，避免造成严重后果。在现行法律规范尚未明确的前提下，为适应新兴产业经济活动发展特点，营造有利于新兴产业市场发展的公平竞争环境，对出现一些问题但不会造成严重不良社会后果的新兴产业发展行为，采取一定容忍度的新式监管方式。但包容审慎监管不是只容不管，如果出现应予以追究法律责任的情况，必须严格依法追究相关人员的法律责任。

（3）加强高风险领域监管

成立高风险领域防控专项工作组，全面深入梳理高风险领域风险点，对有苗头性、倾向性和自由贸易港特有的重大风险进行重点管理。

（4）积极推动依法监管

建立健全法律责任制度，针对备案主体提供虚假备案信息、违法经营等行为，制定严厉的惩戒措施。实施好外商投资安全审查，在创造稳定、透明和可预期的投资环境的同时，有效防范国家安全风险。根据《中华人民共和国外商投资法》和《外商投资安全审查办法》相关规定，开展常态化联合执法检查，建立多部门横向协同联动机制。

知识拓展

根据海南省委深改办（自贸港工委办）相关的报告，自贸港建设风险防控体系已经基本建立并有效运作。

（1）持续推动构建科学高效的风险防控工作机制

为统筹协调风险防控工作，海南省成立了走私、金融、数据流动、投资、服务贸易、生态、公共卫生安全和民生保障等15个风险防控专项工作组。每个工作组均由省领导任组长，高位统筹谋划安排各专项领域重大风险防控工作。15个专项工作组高效运作，截至2022年初，已经制定了20余份文件和工作方案。

(2) 全面深入梳理重点领域风险点

省委深改办组织各风险防控专项工作组全面精准地梳理15个重点领域风险点，尤其是苗头性、倾向性和自由贸易港特有的重大风险，现已梳理了100多个风险点，并根据最新风险情况对每一风险点按照红（重大风险）、橙（较大风险）、黄（一般风险）、蓝（低风险）设定风险等级。同时组织建立了风险月度动态评估调整机制，每月15个风险防控专项工作组动态评估本领域各项风险点的最新风险等级，对于出现重大风险的风险点及时升级，对于已经得到有效控制的风险点及时降级，为开展精准防控奠定良好基础。

(3) 稳步提升风险防控基础设施和信息化水平

全省各级各部门要把风险防控工作重点放在实践上，不能“纸上谈兵”，各专项工作组正在抓紧补齐相关基础设施短板。以走私风险防控为例，全省建设了社会管理信息化平台并已经投入实战化运行，搭建了资金流监测系统，构建了对香化、酒水、手机3类离岛免税商品溯源的管理体系，完善了入琼关口前端非法离岛预警模块功能。

(4) 严格督促各项风险防控任务落到实处

为确保各项风险防控措施落到实处，海南省印发了《海南自由贸易港建设重大风险防控工作任务分工（2020—2022年）》，明确了各个风险点的责任省领导和责任部门，挂图作战、整体推进。

091 什么是反洗钱、反恐怖融资、反逃税？海南如何防控金融风险？

（1）什么是反洗钱？

根据《中华人民共和国反洗钱法》，反洗钱是指为了预防通过各种方式掩饰、隐瞒毒品犯罪、黑社会性质的组织犯罪、恐怖活动犯罪、走私犯罪、贪污贿赂犯罪、破坏金融管理秩序犯罪、金融诈骗犯罪等犯罪所得及其收益的来源和性质的洗钱活动，依照该法规定采取相关措施的行为。

（2）什么是反恐怖融资？

资金是恐怖主义行动能力的重要基础，恐怖活动的组织、策划、准备、实施均离不开资金支持。恐怖组织筹集的资金越多，实施恐怖活动的能力就越强，对公共安全的危害就越大。

恐怖融资是指恐怖组织或恐怖分子占用、募集、使用资金或其他财产的行为，也可以是他人用资金或者其他资产协助的行为。

反恐怖融资是指打击和防范恐怖组织、恐怖分子募集、占有、使用资金或者其他形式财产，以资金或者其他形式财产协助恐怖组织、恐怖分子以及恐怖主义、恐怖活动犯罪，为恐怖主义和实施恐怖活动犯罪占有、使用以及募集资金或者其他形式财产，为恐怖组织、恐怖分子占有、使用以及募集资金或者其他形式财产的行为。

（3）什么是反逃税？

反逃税是指打击纳税人违反税法规定不缴或少缴税款的非法行为，逃税的主要表现有：伪造、涂改、销毁账册、票据或记账凭证，虚报、多报费用和成本，少报或不报应纳税所得额或收入额，隐匿财产或采用不正当手段骗回已纳税款等。

（4）海南如何防控金融风险？

近年来，海南通过主动参与金融服务改革，金融业市场业态不断完善、金融服务质效稳步提升，区域金融改革亮点频现。但金融的发展在一定程度上会影响金融的稳定。中国人民银行副行长、国家外汇管理局局长潘功胜提出，海南自由贸易港金融政策的设计与推进，应以不发生系统性金融风险为底线，构建完善的金融风险管控体系是推进海南自由贸易港建设的金融基础，具体措施有以下四个方面。

①健全资金流动监测和风险防控体系

作为金融创新高地，海南自由贸易港资金安全备受关注。两年来，海南开展进出岛资金流信息监测系统建设，接入了中国银行等22家在琼商业银行的“T+0”实时数据，旨在通过信息化手段全天候、实时性对每笔进出岛资金情况进行动态跟踪监测，对国际收支总额、跨境人民币结算量等数据进行分析，预警和处置非法集资、洗钱和恐怖融资等犯罪活动，及时保障全岛企业及个人资金安全。除了对资金流信息监测管理系统进行持续优化，海南还将不断优化金融基础设施和金融法治环境，以建立健全资金流动监测和风险防控体系，全力打造更加开放的国际金融安全岛。

②建立跨境资本流动宏观审慎管理体系

2008年金融危机暴露出传统金融监管模式的短板，促使各国中央银行深刻反思微观审慎监管的合理性与失效原因，其关键在于监管单个金融机构无法识别、阻止和消除系统性金融风险。而跨境资本流动宏观审慎管理体系将促进上述问题的解决。它意味着金融风险的管理将从“个体”上升至“集体”高度，从资本局部流动转换为资本整体波动的角度。随着我国金融市场的逐步扩大开放，我国的跨境资本流动宏观审慎管理体系也在逐步完善。目前，我国对国际资本流动实施“宏观审慎+微观监管”两位一体的管理框架。

海南自由贸易港的建设，将促使跨境资本流动规模扩大。而短期跨境资本的流入、流出会冲击自由贸易港的金融市场；国际金融风险也可能借资本流动的“蝴蝶效应”冲击自由贸易港金融市场，进而影响国内的经济和金融稳定。因此，《总体方案》提出，应建立自由贸易港跨境资本流动宏观审慎管理体系，加强对重大风险的识别和系统性金融风险的防范。

③加强反洗钱、反恐怖融资和反逃税审查

2017年9月13日，国务院办公厅正式发布《关于完善反洗钱、反恐怖融资、反逃税监管体制机制的意见》，指出将密切关注非金融领域的洗钱、恐怖融资和逃税风险变化情况，对高风险行业开展风险评估；建立国家层面的洗钱和恐怖融资风险评估指标体系和评估机制，成立由反洗钱行政主管部门、税务机关、公安机关、国家安全机关、司法机关以及国务院银行业、证券、保险监督管理机构和其他行政机关组成的洗钱和恐怖融资风险评估工作组，定期开展洗钱和恐怖融资风险评估工作。

为更好地贯彻落实国务院办公厅发布的《关于完善反洗钱、反恐怖融资、反逃税监管体制机制的意见》，解决自由贸易港金融开放过程中“三反”工作面临的挑战，中国人民银行海口中心支行创建了反洗钱调查信息化分析处理机制，建立了反洗钱监管协调和联动工作机制，进一步完善了银行、证券期货、保险、资产管理公司、财务公司、非银行支付机构等领域的反洗钱监管体系。除此之外，《总体方案》提出，应建立健全资金流动监测和风险防控体系，提高异常交易分析研判水平；研究建立洗钱风险评估机制，定期评估洗钱和恐怖融资风险；构建适应海南自由贸易港建设的金融监管协调机制，加强与公安、税务、海关等部门的密切配合，强力打击洗钱犯罪活动。

④构建适应海南自由贸易港建设的金融监管协调机制

金融监管协调机制能够有效解决中央和地方政府之间权责不相对称、职责边界不够清晰的问题，提高中央金融政策的传导落实和地方金融监管的运行效率，健全区域金融风险监测预警体系，强化地方金融风险的化解和处置。因此，

2020年1月14日国务院金融委宣布将在各省（区、市）建立金融委办公室地方协调机制，加强中央和地方在金融监管、风险处置、信息共享和消费者权益保护等方面的协作。

2020年3月，国务院金融稳定发展委员会办公室地方协调机制（海南省）（简称海南协调机制）正式成立。建立海南协调机制，坚持接受国务院金融稳定发展委员会办公室领导，定位于指导与协调，不改变各部门的职责划分，不改变同中央和地方事权安排原则，主要通过强化统筹协调，推动落实党中央、国务院金融稳定发展委员会的有关部署，加强金融监管协调，促进海南自由贸易港金融改革发展和稳定，推动金融信息共享，协调做好金融消费者保护工作和金融生态环境建设等。海南省地方金融监督管理局局长陈阳提出，只有增强协调金融监管的合力，提高中央各部委、各单位与地方政府的部门协同，引导地方金融机构适应自由贸易港政策，调整自身的业务结构，才能够处理好自由贸易港建设过程中的各项金融改革任务，更好地为新来的市场主体提供服务。

092 我国网络安全等级保护制度有哪些内容？

网络安全等级保护是党中央、国务院决定在网络安全领域实施的基本国策。由公安部牵头，经过十多年的探索和实践，网络安全等级保护的政策、标准体系已经基本形成，并已在全国范围内全面实施。

网络安全等级保护制度是国家网络安全工作的基本制度，是实现国家对重要网络、信息系统、数据资源实施重点保护的重大措施，是维护国家关键信息基础设施的重要手段。网络安全等级保护制度的核心内容是：国家制定统一的政策、标准，各单位、各部门依法开展等级保护工作，有关职能部门对网络安全等级保护工作实施监督管理。

网络安全等级保护制度其核心内容具体有如下几点。

①将风险评估、安全监测、通报预警、案事件调查、数据防护、灾难备份、应急处置、自主可控、供应链安全、效果评价、综治考核等重点措施全部纳入等级保护制度并实施。

②将网络基础设施、信息系统、网站、数据资源、云计算、物联网、移动互联网、工控系统、公众服务

平台、智能设备等全部纳入等级保护和安全监管。

③将互联网企业的网络、系统、大数据等纳入等级保护管理，保护互联网企业健康发展。

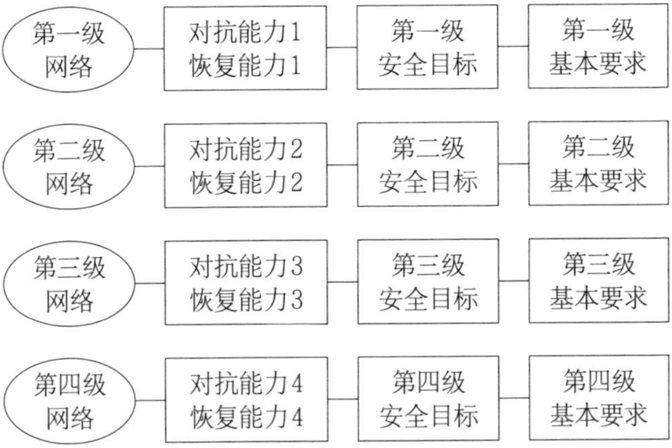

网络安全等级保护

093 海南如何保障网络安全和数据安全？

随着海南自由贸易港建设的推进，大量的国际企业将会涌入海南，跨境数据流动的增多将会带来更大的信息数据风险。目前，海南在数据风险防控方面的硬件和软件设施仍存在较大的不足。为了在2035年前达成数据安全有序流动的目标，可采取以下具有针对性的化解数据流动风险的措施。

①健全网络安全保障体系

计算机网络安全是指网络系统的硬件、软件及其系统中的数据受到保护，不因偶然的或者恶意的原因而遭受破坏、更改、泄露，系统、连续、可靠、正常地运行，网络服务不中断。网络安全会受到很多因素的威胁，如人员因素、灾难因素、硬件故障因素等。健全网络安全保障体系主要从以下两方面入手。

第一，深入贯彻实施网络安全等级保护制度。网络安全等级保护制度是我国信息安全保障的基本制度，深入贯彻实施网络安全等级保护制度，可以防止网络数据泄露或者被窃取、篡改。中央12号文件明确要求，海南要“落实国家网络安全等级保护制度，提升网络安全保障水平”。为此，海南省制定并印发了《中共海南省委网络安全和信息化委员会工作细则》《关于贯彻落实党委（党组）网络安全工作责任制的实施意见》，进一步完善了网络安全工作顶层设计，基本形成了管网治网的“四梁八柱”。海南网信办提出，下一步将会通过抓好各级各部门党委（党组）网络意识形态安全责任制的落实；建立健全网络安全评估机制；强化网络安全检查，开展网络安全实战攻防演练等，深入贯彻实施网络安全等级保护制度。

第二，重点保障关键信息基础设施和数据安全。面对有组织和高强度攻击，关键信息基础设施面临着巨大挑战，数据也因此面临着破坏、更改和泄露的风险。相比北上广深等一线城市的信息基础设施，海南还需要做好大量的基础工作，如5G的建设、高通量的网络带宽、区块链的基础BaaS平台、云计算相关服务等。为此，海南省制定并印发了《海南省信息基础设施水平巩固提升三年专项行动方案（2018—2020年）》，提出将对标自由贸易试验区和中国特色自由贸易港建设，按照“政府统筹、企业实施、协同推进、创新引领”的原则，提高信息基础设施网络化智能化水平，构建高速率、全覆盖、智能化、高安全、天地一体化的通信网络，到2020年底信息基础设施建设取得突破性进展，主要指标达到全国领先水平，有力支撑“信息智能岛”和“智慧海洋”建设，为着力打造国家重大战略服务保障区服务。

②建立健全数据出境安全管理制度体系

《总体方案》提出，数据出境安全管理制度体系的建立健全将分成以下两个阶段：2025年前，在国家数据跨境传输安全管理制度框架下，开展数据跨境传输安全管理试点，探索形成既能便利数据流动又能保障安全的机制。2035年前，实现数据安全有序流动。创新数据出境安全的制度设计，探索更加便利的个人信息安全出境评估办法。开展个人信息入境制度性对接，探索加入区域性国际数据跨境流动制度安排，提升数据传输便利性。

094 生物安全防护实验室有哪些等级？海南如何防控公共卫生风险？

（1）生物安全防护实验室的等级

生物安全防护实验室是指结构和设施、安全操作规程、安全设备能够确保工作人员在处理含有致病微生物及其毒素时不受实验对象侵染，周围环境不受污染的实验室。我国主要根据对所操作生物因子采取的防护措施，将实验室生物安全防护水平分为一级、二级、三级和四级，一级防护水平最低，四级防护水平最高。具体分类见下表。

各级生物安全防护水平等级适用情况

生物安全防护水平	适用情况
一级	操作在通常情况下不会引起人类或者动物疾病的微生物。
二级	操作能够引起人类或者动物疾病，但一般情况下对人、动物或者环境不构成严重危害，传播风险有限，实验室感染后很少引起严重疾病，并且具备有效治疗和预防措施的微生物。
三级	操作能够引起人类或者动物严重疾病，比较容易直接或者间接在人与人、动物与人、动物与动物间传播的微生物。

续表

生物安全防护水平	适用情况
四级	操作能够引起人类或者动物非常严重疾病的微生物，以及我国尚未发现或者已经宣布消灭的微生物。

（2）海南如何防控公共卫生风险？

公共卫生体系主要指各级卫生行政部门、疾病预防控制机构、卫生监督管理机构、医疗救治机构和公共卫生研究机构等。为了应对各种重大突发公共卫生事件，一些发达国家将公共卫生体系建设纳入国防安全、经济安全等现代大安全范围之中。建立传染病和突发公共卫生事件监测预警、应急响应平台和决策指挥系统，提高早期预防、风险研判和及时处置能力。随着海南开放力度的不断加大，海南自由贸易港面临的风险和挑战也会随之增大。为了增强海南自由贸易港应对公共卫生风险和生态风险的能力，《总体方案》强调，海南应加强公共卫生防控救治体系建设。

①持续加强疾病预防控制体系建设

新冠肺炎疫情是新中国成立以来在我国发生的传播速度最快、感染范围最广、防控难度最大的一次突发公共卫生事件。此次疫情防控和医疗救治暴露出我国在应对突发公共卫生事件方面的短板。2020 年 5 月我国发布的《公共卫生防控救治能力建设方案》（简称《建设方案》）提出，应进一步加强公共卫生防控救治体系建设。

1）高标准建设省级疾病预防控制中心

海南省疾病预防控制中心（简称海南省疾控中心）隶属于海南省卫健委，承担了海南省疾病预防与控制、突发公共卫生事件应急处置、疫情及健康相关因素信息管理、健康危害因素监测与干预、卫生检验检测与评价及其他公共服务职能。截至2021年底，海南省疾控中心有硕士以上学历人员68人（其中博士6人），占在编人员的26.6%；中级及其以上职称共有163人（其中高级职称74人），占在编人员的63.7%。

广东与海南的省级疾控中心人员构成对比

地区	广东	海南
硕士以上学历占在编人员比例	35.2%	26.6%
中级及其以上职称占在编人员比例	73.7%	63.7%

（数据来源：广东省疾病预防控制中心官网、海南省疾病预防控制中心官网）

人才是第一生产力。通过比较广东和海南的省级疾控中心的人员构成可知，海南仍需加强疾控机构的能力建设。海南省卫健委相关负责人表示，应对标海南自由贸易港建设和《“健康海南2030”规划纲要》需求，推动公共卫生体系改革。实施全省疾控机构标准化建设三年行动计划，开展标准化建设等级评审。

2）建立国家热带病研究中心海南分中心

海南地处热带，是热带病的多发地区。自由贸易港建设将会大大加快海南与其他地区的人员、货物、服务和贸易往来，外部输入热带病的可能性也会大大增加。为此，海南医学院于2018年4月21日成立了海南省院士工作站（热带医学）、“一带一路”热带医学联盟和海南热带医学研究院，并于2019年7月开设了首个热带病科——海医二院热带病科。《总体方案》提出要建立国家热带病研究中心海南分中心，这体现出中央对热带医学研究的重视，提示着海南应进一步开展热带病的临床、基础研究等工作，以化解自由贸易港开放后存在的热带疾病风险。

3）加快推进各级疾控机构基础设施建设

加快推进各级疾控机构基础设施建设，以满足现场检验检测、流行病学调查、应急处置等需要，是海南省建设疾病预防控制体系中的重要一环。2020年4月2日，时任海南省委书记刘赐贵在海南省疾控中心等地检查调研公共卫生应急管理体系建设时提出要高标准加快推进各级疾控机构的基础设施建设，提高早期预防、风险研判和及时处置能力。这对增强海南省在重大疫情防控救治方面的能力十分重要。

4）优化实验室检验检测资源配置

《建设方案》提出，要实现每省至少有一个达到生物安全三级（P3）水平的实验室，每个地级市至少有一个达到生物安全二级（P2）水平的实验室，具备传染病病原体、健康危害因素和国家卫生标准实施所需的检验检测能力。提出地市级疾控中心应重点提升实验室检验检测能力，加强实验室仪器设备升级和生物安全防护能力建设。鼓励有条件的地市整合市县两级检验检测资源，配置移动生物安全二级（BSL-

2）实验室，统筹满足区域内快速检测需要。

②加强公共卫生人才队伍建设

人才是建设海南公共卫生防控救治体系的核心竞争力，而海南的公共人才较为缺乏。为此，海南应加强公共卫生人才队伍建设，提升监测预警、检验检测、现场流行病学调查、应急处置和医疗救治能力，为建设一支具备国际视野、丰富的专业知识和优秀的实践能力的公共卫生专业人才队伍的目标而奋斗。

③重大疫情救治体系不断优化

建设传染病医疗服务网络，依托综合医院或专科医院建立省级和市级传染病医疗中心，改善传染病医疗中心和传染病医院的基础设施和医疗条件。重点加强基层传染病医疗服务能力建设，提升县级综合医院传染病诊疗能力。

④构建网格化紧密型医疗集团

构建网格化紧密型医疗集团，促进资源下沉、医防融合。通过互联网+医疗的方式探索“分级诊疗”新路径，加大基层公共卫生信息化投入，使资源得以下沉，改变传统预防模式。

⑤完善基层医疗卫生机构标准化建设

完善基层医疗卫生机构标准化建设，强化常见病多发病诊治、公共卫生服务和健康管理能力。海南将持续推进基层医疗卫生综合改革，完成基层医疗卫生机构标准化建设，督促“县属乡用”“乡属村用”新增编制人员招聘工作落实，并完善基层医疗卫生人员激励政策。争取海南省基层医疗卫生服务能力与质量提升工程项目落地实施，探索构建整合型医疗卫生服务体系。

⑥加强疫情监测监管能力

加强传染病防控。启动自由贸易港传染病防控工作，强化重点传染病和新发传染病监控、监测与分析研判，落实多部门联防联控机制；加强蚊媒监测与控制，降低登革热本土化风险。提高疟疾监测敏感性，做好输入病例处置，保持全省消除疟疾状态。

1）加强国际卫生检疫合作和国际疫情信息搜集与分析，提升口岸卫生检疫技术设施保障，建设一流的国际旅行卫生保健中心，严格落实出入境人员健康申报制度，加强对来自重点国家或地区的交通工具、人员和货物、物品的卫生检疫，强化联防联控，筑牢口岸检疫防线。

2）加强对全球传染病疫情的监测，推进境外传染病疫情风险早期预警，严防重大传染病跨境传播。

3）建立海关等多部门协作的境外疫病疫情和有害生物联防联控机制。提升进出口商品质量安全风险预警和快速反应监管能力，完善重点敏感进出口商品监管。

095 海南自由贸易港如何防控生态风险？

生态风险是指生态系统受到生态系统外的一切对生态系统构成威胁的要素的作用的可能性，指在一定区域内，具有不确定性的事故或灾害对生态系统及其组分可能产生的作用。这些作用的结果可能导致生态系统结构和功能的损伤，从而危及生态系统的安全和健康。

（1）进出境环境安全准入管理制度

进出境环境安全准入管理制度是防范和控制生物进出国境的重要管理制度，是生态环境安全的重要管理措施。2020年10月通过的《中华人民共和国生物安全法》（简称《生物安全法》）对进出境环境安全准入管理作了规定：建立首次进境或者暂停后恢复进境的动植物、动植物产品、高风险生物因子国家准入制度；进出境的人员、运输工具、集装箱、货物、物品、包装物和国际航行船舶压舱水排放等应当符合我国生物安全管理要求。

①防范外来物种入侵

生态环境部发布的《2019中国生态环境状况公报》

显示，我国已发现660多种外来物种，每年造成的损失高达2000亿元。近年来，随着我国经济不断发展，人员交流和货物流通越来越频繁，外来物种入侵我国的速度正在加快。外来物种入侵一旦形成优势群体，将不断排挤本地物种，并最终导致本地物种灭绝，破坏生物多样性。外来物种入侵分为自然入侵和人为引进。自然入侵往往通过风、水流或者由鸟类、昆虫等携带而来。人为引进包括无意引进和有意引进：无意引进是指人们通过旅游、货物等方式无意识地将外来物种携带进来；有意引进通常是出于饲养、食用等目的引种，例如，曾经在多个水域泛滥的水葫芦最初是被作为马饲料引入我国的。《生物安全法》规定，国家加强对外来物种入侵的防范和应对，保护生物多样性；国务院农业农村主管部门会同国务院其他有关部门制定外来入侵物种名录和管理办法；国务院有关部门根据职责分工，加强对外来入侵物种的调查、监测、预警、控制、评估、清除以及生态修复等工作；任何单位和个人未经批准，不得擅自引进释放或者丢弃外来物种。2020年11月，生态环境部发布4批外来入侵物种名单，共70个物种，一些省份也陆续发布省级外来入侵物种名录。

②禁止境外固体废物输入

固体废物，通常称为“垃圾”，主要包括工业固体废物、生活垃圾、建筑垃圾、农业固体废物、危险废物等，具有量大、面广、种类繁多、性质复杂和危害程度深等特点，是大气、水、土壤的重要污染来源。如果处理不当，轻则破坏生态环境，重则引发安全事故，威胁人民群众身体健康和生命安全。习近平总书记要求，要全面禁止洋垃圾入境，大幅减少进口固体废物的种类和数量。2020年4月修订后的《中华人民共和国固体废物污染环境防治法》规定，禁止境外的固体废物进境倾倒、堆放、处置，国家逐步实现固体废物零进口。2020年11月，生态环境部、商务部等部门发布公告，自2021年1月1日起，我国禁止以任何方式进口固体废物，禁止境外的固体废物进境倾倒、堆放、处置。2021年1月1日起，全国18个固体废物进口口岸已经全部取消。合法进口的通道堵住了，还要依法加强对走私行为的综合治理，切断洋垃圾“购、运、储、销”的非法利益链。海南自由贸易港要加强检验检疫能力建设，不断提高监管能力，严厉打击走私行为，防止境外固体废物输入。

（2）提高危险废物处理处置能力

随着工业的发展，工业生产过程中产生的废物日益增多，危险废物如果管理不当，会造成严重污染。《固体废物污染环境防治法》中对危险废物的管理有专章规定。2020年11月发布的《国家危险废物名录（2021年版）》包括医疗废物、医药废物、农药废物等。危险废物的处理方法一般包括物理处理、化学处理、生物处理、热处理、固化处理等方法，需要根据不同的废物采取不同的处理方法。但危险废物本身自带危险性，危险废物的处理难度较大，无论采取什么方法处理，均需要具有一定的技术储备，还需要资金、人力等方面的巨大投入。海南自由贸易港既要为货物便利流通提供安全可靠的保障，也应当不断提高危险废物的处理处置能力，提升突发生态环境事件应急准备与响应能力，加强生态风险防控。

（3）健全环保信用评价制度，改革完善生态环境监管模式

由海南省生态环境厅牵头负责健全环保信用评价、信息强制性披露及严惩重罚制度，积极推动改革完善生态环境监管模式。为此，海南省生态环境部门起草了《海南省环境信用评价办法（试行）》《环境保护管理信息强制性披露办法》《海南省生态环境领域失信联合惩戒办法（试行）》等相关文件。

096 海南自由贸易港如何推进贸易自由化便利化？

《总体方案》指出，海南自由贸易港建设将分步骤、分阶段进行，2025年前围绕贸易投资自由化便利化，适时启动全岛封关运作。贸易自由化便利化是国际先进自由贸易港的普遍特征，也是海南自由贸易港的一项建设重点。2021年，商务部等20部门联合出台的28项海南自由贸易港贸易自由化便利化举措。

第一，出台了13条货物贸易自由化便利化具体举措。主要包括：在洋浦保税港区内先行试点经“一线”进出口原油和成品油，不实行企业资格和数量管理；进口食糖不纳入关税配额总量管理；原则上取消自动进口许可和机电进口许可管理；下放国际航行船舶保税加油的许可权限；将海南纳入开展二手车出口业务的地区范围；支持海南自由贸易港内企业开展新型离岸国际贸易；支持海南自由贸易港参与制定具有行业引领作用的推荐性国家标准等。

第二，出台了15项服务贸易自由化便利化政策举措。主要包括：允许外国机构在海南自由贸易港独立举办除冠名“中国”“中华”“全国”“国家”等字样以外的涉外经济技术展；在海南自由贸易港技术进出口经营活动中不需要办理对外贸易经营者备案登记；支持海南自由贸易港打造成为国际文化艺术品拍卖中心；探索取消设立拍卖企业审核许可；支持海南自由贸易港建设区域性国际会展中心等。

此外，海南还出台了9项财税政策，主要是：海南离岛旅客免税购物政策，海南自由贸易港原辅料“零关税”政策，海南自由贸易港交通工具及游艇“零关税”政策，海南自由贸易港自用生产设备“零关税”政策，企业所得税优惠政策，高端紧缺人才个人所得税优惠政策，国际运输船舶增值税政策，启运港退税政策，内外贸同船运输船舶加注保税油、退税油政策。

同时，完善贸易领域的一些配套政策，以更好地支持贸易自由化和便利化。比如提升进出口商品质量安全风险预警和快速反应监管能力，加强海关监管模式创新，实施层级审批模式，提高法定检验便利性，支持海南参与制定推荐性国家标准、制定地方标准及团体标准，建立应对贸易摩擦工作站和贸易调整援助机制，完善统计监测制度等，来实现贸易制度方面的集成创新。

知识拓展 分步骤、分阶段建设海南自由贸易港具体部署

（1）2025年前重点任务

围绕贸易投资自由化便利化，在有效监管基础上，有序

推进开放进程，推动各类要素便捷高效流动，形成早期收获，适时启动全岛封关运作。

①加强海关特殊监管区域建设。在洋浦保税港区等具备条件的海关特殊监管区域率先实行“一线”放开、“二线”管住的进出口管理制度。根据海南自由贸易港建设需要，增设海关特殊监管区域。

②实行部分进口商品零关税政策。除法律法规和相关规定明确不予免税、国家规定禁止进口的商品外，对企业进口自用的生产设备，实行“零关税”负面清单管理；对岛内进口用于交通运输、旅游业的船舶、航空器等营运用交通工具及游艇，实行“零关税”正面清单管理；对岛内进口用于生产自用或以“两头在外”模式进行生产加工活动（或服务贸易过程中）所消耗的原辅料，实行“零关税”正面清单管理；对岛内居民消费的进境商品，实行正面清单管理，允许岛内免税购买。对实行“零关税”清单管理的货物及物品，免征进口关税、进口环节增值税和消费税。清单内容由有关部门根据海南实际需要和监管条件进行动态调整。放宽离岛免税购物额度至每年每人10万元，扩大免税商品种类。

③减少跨境服务贸易限制。在重点领域率先规范影响服务贸易自由便利的国内规制。制定出台海南自由贸易港跨境服务贸易负面清单，给予境外服务提供者国民待遇。建设海南国际知识产权交易所，在知识产权转让、运用和税收政策等方面开展制度创新，规范探索知识产权证券化。

④实行“极简审批”投资制度。制定出台海南自由贸易港放宽市场准入特别清单、外商投资准入负面清单。对先行

开放的特定服务业领域所设立的外商投资企业，明确经营业务覆盖的地域范围。建立健全国家安全审查、产业准入环境标准和社会信用体系等制度，全面推行“极简审批”制度。深化“证照分离”改革。建立健全以信用监管为基础、与负面清单管理方式相适应的过程监管体系。

(2) 2035年前重点任务

进一步优化完善开放政策和相关制度安排，全面实现贸易自由便利、投资自由便利、跨境资金流动自由便利、人员进出自由便利、运输来往自由便利和数据安全有序流动，推进建设高水平自由贸易港。

①实现贸易自由便利。进一步创新海关监管制度，建立与总体国家安全观相适应的非关税贸易措施体系，建立自由进出、安全便利的货物贸易管理制度，实现境外货物在海南自由贸易港进出自由便利。建立健全跨境支付业务相关制度，营造良好的支付服务市场环境，提升跨境支付服务效率，依法合规推动跨境服务贸易自由化便利化。

②实现投资自由便利。除涉及国家安全、社会稳定、生态保护红线、重大公共利益等国家实行准入管理的领域外，全面放开投资准入。在具有强制性标准的领域，建立“标准制+承诺制”的投资制度，市场主体对符合相关要求作出承诺，即可开展投资经营活动。

097 海南自由贸易港如何加强党的全面领导？

中国共产党领导是中国特色社会主义最本质的特征，是中国特色社会主义制度的最大优势，也是确保海南自由贸易港成功的最重要、最关键、最根本的因素。学习贯彻习近平总书记重要指示精神，全面落实《总体方案》，就是要始终坚持党对自由贸易港建设的领导，确保方向正确、行稳致远、早见成效。

（1）学深悟透，强化思想引领

科学思想是实践行动的指南，政治坚定是引领自由贸易港建设取得成功的保证。要拧紧思想“总开关”，常吸“理论之氧”，多补“精神之钙”，持之以恒以习近平新时代中国特色社会主义思想武装头脑、指导实践、推动工作。要用脑用心用情领会习近平总书记关于海南一系列重要讲话、指示批示以及中央12号文件、《海南自由贸易港建设总体方案》精神，以加快自由贸易港建设的实际行动体现增强“四个意识”、坚定“四个自信”、做到“两个维护”。要持续巩固“不忘初心、牢记使命”主题教育成果，展现新时代海南党员干部昂扬奋进的精神风貌。

保证上下准确把握“中国特色”核心要义，加强党对自由贸易港建设各领域、各方面、各环节的领导，坚持重大改革事项由党中央决定、整体工作进度由党中央把握、政策实施情况及时向党中央报告，抓紧落实早期安排、争取早期收获，推动党中央和习近平总书记重大决策部署在海南落地生根，确保海南自由贸易港始终沿着正确方向前进。

（2）充分发挥政治优势和制度优势

加强党对海南自由贸易港建设的全面领导，不是抽象的、空洞的，而要体现、落实到自由贸易港建设各领域、各方面、各环节，不断将政治优势、制度优势转化为加快自由贸易港建设的强大效能。要坚持党总揽全局、协调各方，强化党组织的领导核心作用，坚决贯彻党中央决策部署，在省委统一领导下扎实有效推进各项工作，重大事项严格按程序推进。要对照“时间表”“路线图”，层层压实责任，层层传导压力，以超常规的认识、举措、行动和实效，加快推动落实自由贸易港政策早期安排，争取早期收获。

（3）敢闯敢试，用特区精神激励担当作为

始终坚持党的全面领导，必须持续锤炼优良作风、提升能力本领。建设海南自由贸易港是前无古人的创举，坚持党对自由贸易港建设的领导，不仅要政治过硬，还要作风过硬、本领过硬。要发扬敢闯敢试、敢为人先、埋头苦干的特区精神，保持“一天当三天用”的干劲和“干一件成一件”的韧劲，争创自由贸易港建设新速度、新业绩、新成效。要发挥好领导干部“头雁效应”和党员干部先锋模范作用，引导广大群众积极参与“我为加快推进海南自由贸易港建设做贡献”活动，不断汇聚自由贸易港建设的强大合力。要与时俱进、善于学习，围绕自由贸易港建设要求，在干中学、学中干，快速填补“本领赤字”，补齐能力短板，不断提升政治领导、改革创新、科学发展、依法执政、狠抓落实、防范化解风险等本领，不断将伟大事业向前推进。

（4）笃行实干，加快引进各类人才

“举全国之力，聚四方之才”，要坚持人才培养和引进“双轮驱动”，构建统一领导、科学决策、高效运行的党管人才领导体制和运行机制，加快形成人才聚集效应。

098 海南自由贸易港如何建立激励机制和容错纠错机制？

建设中国特色自由贸易港是一项全新的、需要持续探索的事业，面对的是新问题、新挑战。改革创新通常伴随着风险，健全容错纠错机制，能够给予在海南自由贸易港建设敢于大胆改革创新、积极作为的广大干部们关心、支持和保护，给改革创新者撑腰鼓劲，让广大干部愿干事、敢干事、能干成事。构建科学有效的容错纠错机制，在明确容错范围与边界的基础上，还需规范容错纠错的流程和程序。只有细化容错纠错的操作程序，明确错误认定如何实施等，才能切实保证容错纠错机制效能的有效发挥。

为贯彻落实习近平总书记关于“海南自由贸易港建设要把制度集成创新摆在突出位置”的重要指示和《总体方案》的要求，海南省分别于2018年、2020年印发《关于在海南全面深化改革开放中激励干部新担当新作为的实施意见》和《海南自由贸易港制度集成创新行动方案（2020—2022年）》，《海南自由贸易港制度集成创新行动方案（2020—2022年）》制定了18项行动，并在该方案第54项任务中明确了建立海南自由贸易港容错纠错机制的要求。

为确保海南自由贸易港容错纠错机制落地生根，2020年11月，海南省委出台了《海南自由贸易港公职人员容错纠错办法（试行）》。该文件的出台为坚决贯彻落实习近平总书记关于“三个区分开来”的重要要求，建立健全海南省容错纠错机制，旗帜鲜明地为在海南自由贸易港建设中敢于担当、踏实做事、不谋私利的干部撑腰鼓劲，树立保护改革者、支持担当者的鲜明导向。

2021年8月，海南省委办公厅出台《关于建立海南自由贸易港公职人员容错纠错、澄清正名和重新使用典型案例通报发布制度的实施办法（试行）》，推动容错纠错机制和澄清正名制度的真正落地和创新探索。通过建立典型案例通报发布制度，就是要打通在《海南自由贸易港公职人员容错纠错办法（试行）》贯彻执行中的“堵点”，通过发挥典型案例的指导和引导作用，督促各市县各部门动起来、做起来，推动容错纠错机制、澄清正名制度真正落地和见到实效。建立统一的典型案例通报发布制度，同时也是一种制度集成创新，通过常态化、规范化通报发布四类典型案例，探索建立一个“四位一体”、同向发力、激励干部担当作为的制度机制。

知识拓展　7种容错情形树立鲜明导向

典型案例通报发布制度建立后，纪检监察机关将通报发布公职人员容错纠错等4种类型的典型案例，结合海南自由贸易港建设实际，哪些情况属于容错情形呢？

2020年11月，海南省出台《海南自由贸易港公职人员容错纠错办法（试行）》，明确了可以容错的1个前提、7种情形。这1个前提是非因主观故意出现失误和错误，没有为个人、他人或者单位谋取不正当利益。

在这样的前提下，有7种容错情形：一是在探索性开展工作中因法律法规没有明令禁止、政策界限不明确，出现失误错误的；二是在制度集成创新、创一流营商环境工作中因无先例可循、经验缺乏等，在开拓创新、先行先试中出现失误错误的；三是对新技术、新产业、新业态、新模式实行包容审慎监管，出现失误错误的；四是在服务群众、服务企业、服务基层中，为提高效率、方便群众和市场主体，出现失误错误的；五是在工作推进过程中，因国家政策调整或者上级党委、政府决策部署变化，未达到预期效果或者出现失误偏差的；六是在处置突发事件或者执行急难险重任务中，已经履职尽责，因不可抗力或者难以预见因素，灵机决断出现失误错误的；七是在推进重大项目、重点工作以及化解矛盾、维护稳定和解决历史遗留问题中，敢于动真碰硬、攻坚克难，因情况特殊、复杂，出现失误错误的。此外，对获得省改革和制度创新奖表彰、作为省制度创新案例发布、纳入省委深改办制度创新项目库的制度，在实施过程中的失误错误，也作为容错重要情形予以考虑。

099 海南推进自由贸易港建设工作小组由哪些单位组成？如何对海南自由贸易港建设开展全过程评估？

（1）工作小组组成

根据《总体方案》，在推进海南全面深化改革开放领导小组指导下，由推进海南全面深化改革开放领导小组办公室牵头成立指导海南推进自由贸易港建设工作小组，由国家发展改革委、财政部、商务部、中国人民银行、海关总署等部门分别派出干部驻海南实地指导开展自由贸易港建设工作，有关情况及时上报领导小组。

（2）如何对海南自由贸易港建设开展全过程评估？

按照《总体方案》部署，国务院发展研究中心牵头组织对海南自由贸易港建设开展全过程评估。评估组将以高度的政治责任感和使命感，采取集中调研和专题调研相结合的方式做好评估工作，全面盘点取得的成效，客观反映存在的问题，及时提出解决方案和政策建议，共同推动海南自由贸易港建设行稳致远。

海南要坚决贯彻落实习近平总书记关于海南的系列重要讲话和重要指示批示精神，全力以赴配合做好评估工作，实事求是反映海南自由贸易港建设取得的成效和存在的问题，以高质量的评估促进加快落实早期安排、取得早期收获，确保海南自由贸易港建设开好局、起好步。海南自由贸易港建设开好局、起好步的成效，主要体现在“十看”。

①看营商环境：要对标先进找差距，加快实现2025年前打造国内一流营商环境的阶段性目标，实现从跟跑、并跑到领跑的转变。

②看市场主体：要在新增市场主体大幅增长的基础上，进一步提高市场主体质量，充分释放市场主体活力。

③看人才流动：要实施好“百万人才进海南”行动计划，让各类人才愿意来、留得住、用得好。

④看风险防控：要坚持“管得住”才能“放得开”，着力防范化解社会治理、经济安全、党风廉政等重大风险。

⑤看开放措施：要创新对外交流合作方式，更加注重引进外资和引进国际人才。

⑥看改革创新：尤其要把制度集成创新摆在突出位置，解放思想、大胆创新，成熟一项推出一项。

⑦看高质量发展：要紧紧围绕三大主导产业，把高质量高标准的要求落实到一个个项目上。

⑧看生态环境：要持之以恒整治生态环保领域存在问题，把好项目准入关，落实全面“禁塑”、推广新能源汽车、气代柴薪等举措，确保海南生态环境只能更好、不能变差，努力建设生态环境世界一流的自由贸易港。

⑨看法治建设：要全力配合推进海南自由贸易港法立法进程，用好地方立法权和特区立法权，打造法治化、国际化、便利化营商环境。

⑩看各方评价和社会氛围：要努力打造海南人民的幸福家园、中华民族的四季花园、中外游客的度假天堂，让全省、全国人民更有获得感，让全世界感受到海南只争朝夕建设自由贸易港的干劲。

100 海南自由贸易港建设如何推进政策落地？

《总体方案》形成了以贸易投资自由化便利化为重点的自由贸易港政策制度体系，可概括为“5+1+1”。

“5”指“五大自由便利”，即“一线”放开、“二线”管住，实现贸易自由便利；大幅放宽市场准入，实现投资自由便利；实行“三大自由”（即跨境资金、贸易结算、投融资等自由），实现跨境资金流动自由便利；实行更加便利的出入境管理政策，实现人员进出自由便利；以建设“中国洋浦港”船籍港为重点实行更加自由开放的航运制度，实现运输来往自由便利。

两个“1”分别指扩大数据领域开放、实现数据安全有序流动，和以实行“零关税、低税率、简税制”为重点的税收制度安排。

（1）深入吃透政策，全面、高效、持续释放政策红利

《总体方案》出台以来，已有重点政策逐项落地并取得不错的成效，接下来，要继续通过不断地认真学习，深入领会精神、反复吃透政策、适当灵活变通、抓好落地实践，牢牢把握重点领域和关键环节，以钉钉子精神推动政策落实，抓出改革成效，推动海南自由贸易港建设和全面深化改革开放不断取得新进展。

(2)聚焦重大政策、重点领域、重要任务狠抓政策落地

建设自由贸易港必须精准聚焦、有的放矢，把握准自身政策优势、资源优势、区位优势，走出最适合海南自由贸易港的发展道路。

进一步来说，海南要将中央赋予的独有政策与优势领域、重点产业、重大项目通过制度集成创新有机串联结合起来。要紧紧围绕海南“三区一中心”战略定位，以旅游业、现代服务业、高新技术产业、热带特色农业为主导，只要是符合发展定位的建设机会，就应该积极探索、努力争取。要主动招商、靠前服务，不能守株待兔、坐等上门。要抓紧以洋浦经济开发区、海口江东新区等重点园区为载体，加快推动加工增值免税政策落地见效，推动新型离岸国际贸易取得更大成效，打出所得税优惠、“零关税”、离岛免税、跨境服务贸易负面清单等政策组合拳，不断激发内生动力、发展潜力和改革活力，助推海南重点领域、优势产业齐头并进、全面突破、百花齐放。

(3)以制度集成创新深挖改革潜力、力促改革推进、狠抓改革落实

海南的制度创新工作起步于2019年，截至2022年9月，已分14批共推出128项创新案例，其中多项得到中央肯定、部委推广，对改善海南的营商环境发挥了重要作用。

各市县、各单位要紧紧围绕《海南自由贸易港制度集成创新行动方案（2020—2022年）》和60项重点改革任务，主动对标世界最高水平开放形态，在投资、贸易、金融、产业等领域，推动形成一批跨部门、跨行业、跨系统，含金量高、影响力大、辐射面广的制度集成创新成果。要深入开展调研，着力解决创新发展中的堵点、痛点、难点问题，全面提升市场主体和人民群众的获得感、体验感、幸福感，推动形成更多人民所盼、市场所迎、发展所需的制度集成创新成果，为海南自由贸易港建设提供坚实的制度支撑。2021年办好第二届“海南省改革和制度创新奖”，通过树典型、学先进、促推广，不断提升海南省制度创新改革成效和社会反响。同时对已发布的制度创新案例开展问效评估，通过盯进展、摸实情、察实效，对已发布的制度创新案例进行“回头看”，深入了解掌握全省制度创新的运行情况和实施效果。

（4）加大宣传，营造自由贸易港建设火热氛围

海南自由贸易港建设中，既要练好内功，也要练好唱功，既要抓好落实，也要讲好故事。

要将中央赋予海南的各项优惠政策及落地情况进行持续广泛地宣传和解读，宣传工作要实现常态化、长效化、机制化。还有很多企业、人才不清楚海南的优惠政策，每多宣传一次就有可能多一个企业、多一个人才了解海南的政策，来海南发展。同时还要及时将海南自由贸易港建设中的优秀做法和取得的成效进展向社会反馈公开，提振自由贸易港建成建好的信心决心。

（5）抓好组织实施确保各项目标任务落实到位

对省直各单位、各市县、各重点园区进行组织管理，认真抓好各项工作组织实施，思想上要重视起来、行动上要抓紧起来，将会议精神与自身工作充分结合起来，要以“闯”的精神、“创”的劲头、“干”的作风，积极投身到海南自由贸易港建设这项光荣而艰巨的任务中去，一起为海南自由贸易港建设的美好明天而努力奋斗。

知识拓展

海南“一本三基四梁八柱”战略框架

2022年4月26日上午，海南省第八次党代会开幕。海南省第八次党代会报告站在加快建设具有世界影响力的中国特色自由贸易港新征程的高度，提出“一本三基四梁八柱”战略框架，为今后工作提供指南。

“一本”指的是坚持以习近平总书记关于海南工作的系列重要讲话和指示批示为根本遵循，这是“一三四八”战略的总纲和灵魂。

“三基”指的是三大政策基石，包括《中共中央 国务院关于支持海南全面深化改革开放的指导意见》，中共中央 国务院联合印发的《海南自由贸易港建设总体方案》，以及全国人大常委会审议通过的《中华人民共和国海南自由贸易港法》。这三个重磅文件，可以说是为海南“量身定做”的政策体系、制度框架和法治保障，奠定了“一三四八”战略的根基。

“四梁”指的是四根“横梁”，即“三区一中心”，是“一三四八”战略的目标定位，包括全面深化改革开放试验区、国家生态文明试验区、国际旅游消费中心、国家重大战略服务保障区。

“八柱”指的是支撑“一三四八”战略的八大支柱，包括政策环境、法治环境、营商环境、生态环境和经济发展体系、社会治理体系、风险防控体系、组织领导体系，通过4个环境和4个体系，为“一三四八”战略提供稳固的支撑。

“一本三基四梁八柱”战略框架完整、准确、全面贯彻新发展理念，既有方向上的理论指引，又有制度上的有力保障，既有清晰的目标定位，又有稳固的发展支撑，构成系统完整的战略体系。海南自由贸易港的建设将坚定不移沿着“一本三基四梁八柱”战略框架指引的路子走下去，高质量抓好各项重点工作落实，加快建设具有世界影响力的中国特色自由贸易港。

后　记

2018年4月13日，是海南建省办经济特区30周年纪念日。这一天，在海南省人大会堂，习近平总书记发表了重要讲话，指出：“党中央决定支持海南全岛建设自由贸易试验区，支持海南逐步探索、稳步推进中国特色自由贸易港建设，分步骤、分阶段建立自由贸易港政策和制度体系。这是党中央着眼于国际国内发展大局，深入研究、统筹考虑、科学谋划作出的重大决策，是彰显我国扩大对外开放、积极推动经济全球化决心的重大举措。”

“4·13”重要讲话发表后，在海南广大干部群众中激起了千层巨浪。大家信心满满，干劲冲天，纷纷看好海南自由贸易港建设前景，海南出版社有关领导找到我说，海南学界应编辑出版有关海南自由贸易港建设的系列普及读物，让社会大众广泛了解自由贸易港建设的基本知识。于是，自2018年陆续编辑出版了《海南自由贸易港建设一百问》《海南自由贸易港建设知识读本》《英语300句（普及版）》《俄语300句》，此后又完成了省有关部门的委托课题并出版了《海南自由贸易港研究2019》《海南自由贸易港开放型经济研究》《海南自由贸易港产业发展研究》《海南高质量发展报告（2022）》等专著。其中《海南自由贸易港建设一百问》出版后，市场反响很好，成为当当网、新华书店及其他销售门店的畅销图书，还荣获了2021年海南省人民政府首届自由贸易港研究成果二等奖。

5年来，海南自由贸易港建设稳步推进，对外开放步伐不断加快，体制改革不断深入，制度集成创新不断涌现，无论是进出口贸易、引进外资、离岸贸易，还是“一负三正”清单、离岛免税、增值超过30%（含）部分免关税，无论是人才引进、高端紧缺人才个人所得税优惠，还是2025年前全岛封关的软硬件建设等方面，都有长足进展。在国际经贸方面，我国已加入RCEP，也已正式申请加入CPTPP、DEPA等。

因此，有必要在《海南自由贸易港建设一百问》的基础上，重新组织力量编辑出版适应新形势发展需要的《加快建设海南自由贸易港百问百答》。“一百问”注重基本概念普及、国外案例、改革经验、评价指标、海南探索等方面，而“百问百答”则注重最新政策解析、最新进展介绍、国外建设经验、海南改革举措等方面。

本书的出版得到了海南省营商环境建设厅、海南省社科联、海南大学、海南经贸职业技术学院、海南师范大学、海南省委党校、三亚学院、海口经济学院、海南出版社等单位的大力支持，还得到王惠平、陈小华、李星良、李世杰、李仁君、蒋国洲、胡永和、张继军、王纪忠、王丽娅、于涛、刘锋、夏锋等专家学者的智力贡献。同时，非常感谢刘家诚教授、于澄清副教授及海南出版社经济社会分社社长杨国祥等为本书出版所作的大量工作。

黄景贵

2023年3月13日